元宇宙赋能体育现代化的理论和实践研究

张树军　李志欣　著

中国商业出版社

图书在版编目（CIP）数据

元宇宙赋能体育现代化的理论和实践研究 / 张树军，李志欣著 . -- 北京 : 中国商业出版社，2024. 7.

ISBN 978-7-5208-2945-8

Ⅰ . G80

中国国家版本馆 CIP 数据核字第 2024CD3759 号

责任编辑：王　彦

中国商业出版社出版发行

（www.zgsycb.com　100053　北京广安门内报国寺 1 号）

总编室：010-63180647　编辑室：010-63033100

发行部：010-83120835 / 8286

新华书店经销

北京虎彩文化传播有限公司印刷

*

710 毫米 ×1000 毫米　16 开　10 印张　160 千字

2024 年 7 月第 1 版　　2024 年 7 月第 1 次印刷

定价：55.00 元

* * * *

（如有印装质量问题可更换）

目录

第一章 导 论

第二章 理论基础

第三章 元宇宙赋能体育现代化的作用机理

第四章 元宇宙赋能体育现代化的应用场景

第六章 元宇宙赋能体育现代化的实践路径

第一章

导　论

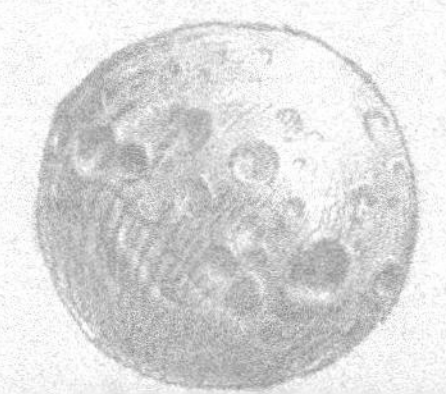

元宇宙技术是21世纪初期发展起来的最新科技成果，代表着第四次科技革命最前沿的技术形态。严格意义上来说元宇宙技术并不是单个技术所具有的数据形态，而是由一群镶嵌着互联网技术、大数据技术、云算法技术和元区块链技术等的“技术集群”。换一句话说，我们现在正在使用的元宇宙技术是科技革命的底蕴沉淀，是人类整体智慧和技能的高级象征。从现实应用来说，人工智能技术、高铁互联网接入技术、隧道手机联网技术、5G技术、宇宙通信技术等都是元宇宙技术的现实应用形式。由于元宇宙技术解决了虚拟世界和现实世界结合的“边界博弈”问题，所以将元宇宙技术应用于体育科技和体育活动就成为时下较为紧迫的任务。这些构成了本书写作的初衷和最终归宿。

一、研究意义

体育现代化不仅包括体育竞技条件的现代化和体育竞技训练的现代化，而且包括体育精神的现代化和体育文化的现代化。在宏观体育文化层面上，体育现代化拥有更为广泛的内涵解读和广阔外延。研究元宇宙技术赋能体育现代化的理论问题可以促进体育社会学和体育科技学的前沿进展；研究元宇宙技术赋能体育现代化的实践问题可以促进我国体育事业的发展和体育科技条件的进步，其理论价值和实践意义不可小觑。

（一）研究元宇宙技术赋能体育现代化的理论和实践问题可以促进科技—体育之间的融合发展

美国体育史学者安德尔森曾经说过："美国几百年的体育成长史实际上就是以技术进步为核心推动体育竞技和体育活动迈向新时代的发展史。在微观体育学的意义上，人类几千年的体育存在史实际上也是体育活动与科技进步相互映照的历史。一方面人类把从极端对抗模式中抽象出来的有意义的竞技活动还原成'体育活动'；另一方面人类又在和平时代的体育竞技中积累战争的体力条件。当体育道德被底线化为'利维坦式'的狼奔豕突行为之后，极端的体力对抗就在社会舆论烟雾中衍生为常态化比赛，于是体育运动的暴力美学就被附会成人间竞技技术了。"① 尽管安德尔森没有指明科技进步的体育社会学因素，但是对于竞技身体条件的描述使得他成为同时代最伟大的体育科技学家。事实上在和平发展的新时代，没有人喜欢残酷的身体较量，因为人类先天存在着两个缺陷：一是人们很容易满足眼前所见到的一切，而对于体育训练的痛苦和磨难，

① ［美］安德尔森．亚细亚体育成长史 [M]. 纽约：纽约出版集团公司，1999.

体育比赛功成名就后所经历的寂寞和挫折往往置若罔闻；二是人类普遍存在着生理惰性。在以上两个前提下，主张芸芸众生只有在“冰冷器材的协助下进行强化训练，才能取得优异比赛成绩的想法”似乎是一种“极端荒谬”的臆想行为。如果人类整体的身体惰性难以驾驭“和平体育竞技”的边缘负效应，那么体育运动就发展成为“专业的体力对抗游戏”，于是各种透支身体能量或者刺激肉体潜能的事件就会大行其道，因为体育竞技的“输赢”只是存在于当时当下的“体育赛事”之中，至于体育荣誉的科技进步意义或者说体育运动的科技社会学价值很少有人追溯和探讨。在当下中国特色社会主义新时代，任何国家的体育活动都离不开各种体育设备的协助，比如各种电子发令枪、电子竞技牌、电子计时器、电子追踪器、电子显示屏、全息扫描器等。另外，体育竞技中的各种设备也被科技进步所环绕，比如掺杂了科技元素的高级乒乓球拍、网球拍、篮球、足球、橄榄球、自行车、田径设备和滑雪设备等。总而言之，科技进步已经成为体育事业发展的重要辅助力量，没有科学技术的进步，体育活动的范围和深度将受到很大影响。

（二）研究元宇宙技术赋能体育现代化的理论和实践问题可以促进科技体育交叉学科的研究

根据国家学位管理中心公布的体育运动一级学科、二级学科和三级学科标准，时下中国体育活动的学科分类日益走向多元化和多级化。一方面国家依靠《体育科技》《体育科学》《当代体育科技》等杂志推动体育科技学的后续延展和学科进步；另一方面在具体的体育赛事中又尽量采用高科技元素，比如区块链机器人、元宇宙智能卡、智能语音设备等。这种战略设计是说国家在科技体育领域采取的是“双船”政策吗？不是的，这种学科分类恰恰说明元宇宙技术已经触及体育事业发展的深层次问题，比如体育赛事中元宇宙场景的再现和体验问题、特殊人群观看体育赛事的可视化操作问题、体育技巧性提升的精益化问题、体育道德与体育精神的叠加问题、体育博弈的人文化和社会性目标问题，等等。就学科交叉发展的总体趋势来说，研究元宇宙技术赋能体育现代化的理论和实践问题至少可以促进体育科技学、体育社会学、体育伦理学、体育法学、体育文化学、体育民俗学、元宇宙体育学、区块链体育学、体育电子学、体育网络学、体育传播学、体育信息学等学科的可持续延展和深度化创新，其学科发展意义重大。

二、研究现状及文献综述

进入 21 世纪以来，学术界和体育科技界对元宇宙技术赋能体育现代化的理论和实践问题进行了初步研究。总体看来处于起步阶段，存在着理论研究较多而可操作性研究较少的特点。

（一）元宇宙技术赋能体育现代化内涵和特点的研究现状

"赋能"最初指的是一个机械动力学概念，在较为严格的运动静力学意义上，各种机械外缘设备、机械润滑油、各种机油、各种边缘电子设备、各种风洞设备、各种监控设备等都可能成为"主要机械设备"或者"核心机器设备"运作的加速器，这种物理性推动力就是一种"赋能力"。后来这种加速原理被物理学家广泛社会化并运用到其他社会科学各领域，比如人机工程学、人体电子学、精神动力学和心理机械学等，成为社会学领域出现频率较高的一个概念。本书所指的"赋能"是指一种科学技术对于体育现代化的隐性和显性推动作用的综合，这种推动力越大说明科学技术对体育现代化的意义越明显；反之，这种推动力越小说明科学技术对体育现代化的意义越不明显。就元宇宙技术赋能体育现代化的概念特点领域来说，学者们的研究主要集中在以下两个方面。

1. 元宇宙技术赋能体育现代化内涵领域

有学者首先提出了"体育元宇宙"概念，指出体育元宇宙是在现实体育物理空间和虚拟电子空间之间搭建的"沟通桥梁"，一方面虚实相通的机械运作原理使沉浸式体验和互动式体育成为可能，另一方面现实体育活动和虚拟体育展示的经济利益可得性使“体育科技产业”方兴未艾。[①] 该学者虽然没有对“赋能”概念作出详细阐述，但是对“元宇宙技术赋能体育现代化”内涵作出了初步的界定，指出元宇宙技术事实上推动了体育产业的数字化转型和体育赛事的数据传输走向。项鑫和王琪（2023）研究了我国体育元宇宙的发展现状，指出“元宇宙技术赋能体育现代化”应该从两个方面加以诠释：一是元宇宙技术对体育现代化的促进作用；绝大部分学者倾向于从正向促进作用方面解释“元宇宙技术赋能体育现代化”的内涵，指出如果一种科学技术的负面阻碍作用远远大于正向促进作用，那么这种技术要么不能产生、要么不能长久存在，因为这种技术的存在本身就是对“人性社会本质”的践踏和阻碍。董扣艳（2022）研究了元宇宙的技术哲学基础，指出元宇宙技术对于教育、医疗卫生、社会经济、法治变迁、体育发展和文化进步等都具有明显的正向促进作用，因此政府和相关部门必须大力支持元宇宙的产业化和规范化变迁。[②] 二是元宇宙技术对体育现代化的负向阻碍作用。也有学者从唯物辩证法的角度探讨了“元宇宙技术赋能体育现代化”的深刻内涵，指出不可否认的是元宇宙技术对于体育现代化的促进作用是显而易见的，但是我们必须清醒地看到在目前技术和机制都很不成熟的境遇下，勠力开发元宇宙体育会产生各种负向的影响和作用。比如，元宇宙数据的安全性问题、元宇宙体育环境下现实体育的资金筹措问题、元宇宙环境下体育人才的培养机制问题等。[③] 客观来说，如果不能从两个方面全面分析元宇宙技术赋能体育现代化的深刻内涵，那么元宇宙技术对体育事业的积极作用将会大受影响。

2. 元宇宙技术赋能体育现代化特点领域

元宇宙技术只是一种基于发达网络系统集成的电子计算机技术，在技术社会学意义上并不具备深奥的体育社会学价值，但是有些学者则认为元宇宙技术

---

① 叶海波 . 体育元宇宙：产业逻辑和模式创新 [C]. 第八届中国体育博士高层论坛论文汇编（专题报告），2023-11-28：190-199.

② 董扣艳 . 元宇宙：技术乌托邦与数字化未来——基于技术哲学的分析 [J]. 浙江社会科学，2022，312（8）：113-120，160.

③ 项鑫，王琪 . 我国体育人工智能研究：热点聚焦、趋势演进、国际比较、启示展望 [C]. 第八届中国体育博士高层论坛论文汇编（专题报告），2023-11-28：190-199.

在某些层次上触及了体育运动的社会意义。[①]也就是说元宇宙在体育活动中的应用已经引发了体育社会意蕴的讨论，正如特斯拉总裁马斯克所说的："人类科技的进步已经足以让绝大多数人吃穿不愁，但是人类的欲望却不断促使种族之间互相进行体育博弈和竞技，其根源在哪里呢？"[②]随着人类科学技术的进步，作为种族生存的基本条件已经解决，但是由于人类社会与一般的动物界存在本质的区别，所以借助于社会关系衍生的权利网络和权力保全就成为体育竞技的必然外在条件。与此相适应，人类追求身体健康的体育活动也被深深打上了社会组织博弈的烙印，人们在业已成熟的科技进步面前显得无所适从，体育竞技在科技进步面前显得极其渺小。基于此，有学者认为：为了还原体育运动的生命本质，为了弘扬人类自古希腊以来形成的体育精神，为了使人类作为种族的存在不至于被科技进步所羁绊，必须展开"元宇宙技术赋能体育现代化"问题的研究，觊觎在不久的将来，人类科技进步的生态正效应将惠及普通民众和芸芸众生。[③]于洋（2022）从文化叙事视角研究了元宇宙技术推动体育现代化的多层次特点，指出数字表象拟态化实际上隐含着元宇宙技术赋能体育现代化的文化可得性问题、文化多样化问题、文化交流性问题、文化叙事风格问题和科技话语权的空间归属性问题。[④]总体来看，在元宇宙技术赋能体育现代化特点研究领域存在着理论分析泛化和实证研究缺失的问题，绝大多数研究走向了文化叙事、科技话语权争论、哲学探索、社会学泛论和语言学游戏等领域，这就是说绝大多数研究缺乏深度和可操作性。

（二）元宇宙技术赋能体育现代化作用机理的研究现状

从结构性、技术性和主体性方面考量元宇宙技术的生命进步意义后，我们发现"去中心化"的体育元宇宙实际上是难以去除"社会中心化"痕迹的。因

---

① 李慧，雷强．体育元宇宙：未来体育发展的乌托邦畅想与反思 [J]. 体育与科学，2023（2）：9-16.

② 马斯克经典语录 [EB/OL].www.jianshu.com.2018-2024.

③ 旸洁卓玛，赵妍，王智慧．元宇宙与人的本性存：科技助力冬奥的具身实践与未来走向——洪平教授学术对话录 [J]. 体育与科学，2022(3)：7-13.

④ 于洋．元宇宙与数字表象拟态背景下体育文化叙事的边界拓展 [J]. 体育与科学，2022,43(6): 44-49.

为元宇宙技术推动体育事业健康发展的内在机制和运作机理是一个极其复杂的现象和过程，这种过程的“收益化”阶段是在不知不觉中衍生出来的，那些觊觎元宇宙技术本身的开发和进步就能推动整个体育事业快速发展的想法和做法都是值得商榷的。在元宇宙技术赋能体育现代化作用机理领域，学者们的研究主要集中在以下两个方面。

1. 元宇宙技术赋能体育现代化作用宏观机理研究领域

从技术进步—金融深化—产业振兴—效益提高—社会文明—教育优化的路径来看，元宇宙技术从总体上推动了体育产业的发展、体育金融资本的拓展、体育企业效益的提高和体育教育资源的优化配置。柴王军、李杨帆、李国等（2022）研究了基于元宇宙基础的数字关联技术推动体育产业高质量发展的问题，指出从宏观经济学的意义上，元宇宙技术在实体产业中的应用必将推动体育产业向高质量发展的新阶段演化，其产业进步意义明显。[①]高进、武连全、柴王军等（2022）研究了体育场馆智慧化发展的现状和特点，指出数字技术对于体育场馆智慧化建设产生了重大影响，而元宇宙技术中的微观显像技术、音频自动化和模拟化技术、人工智能行为学法则等均对数字场馆设备的运行产生了决定性影响。尽管该学者没有进行复杂的实证分析运算，但是他们提出的“元宇宙赋能体育场馆建设”的问题却具有普遍的研究价值和意义。[②]黄谦王富百慧、张晓丽等（2022）研究了新时代中国体育社会科学的发展现状和未来图景，指出面对科技进步和体育技术化的发展态势，只有做到审时度势、与时俱进才能将区块链技术和元宇宙技术的体育现代化效应发挥到极致。如果不能认识到新时代发展的新特点和新情况，一味保守退化，我们将失去科技进步带给中国体育现代化事业的“拆超级红利”，而民族复兴的身体基础将大受影响。[③]戴毅（2024）研究了自中国改革开放以来中国人的身体素质的变化历程，指出从改革开放 40 多年来的实践进程可以看到，中国公民的平均视力下降了 0.5 度、中国

---

① 柴王军，李杨帆，李国，等. 数字技术赋能体育产业高质量发展的逻辑、困境及纾解路径 [J]. 西安体育学院学报，2022（3）：292-300.

② 高进，武连全，柴王军，等. 数字技术赋能体育场馆智慧化转型的理论机制与实现路径 [J]. 体育学研究，2022(5)：63-67.

③ 黄谦，王富百慧，张晓丽，等. 新时代中国体育社会科学的发展与未来：回顾反思、实践自觉与创新变革 [J]. 天津体育学院学报，2022,37(6)：711-717.

公民的平均身高下降了 2 厘米等现象说明，中国人的身体素质正在因为缺乏科学的体育锻炼理念而渐趋下降。基于此，必须利用元宇宙技术的视频优势和体验优势不断提升中国人追求身体健康和身心愉悦的目标优势和取向优势。① 赵刚，席翼（2023）从人工智能 AI 视角研究了元宇宙技术推动体育现代化的宏观机制问题，指出技术介入学校体育活动的必然结果是“技术不断深化而体育运动不断科学化和精益化”。显然作者对于建立在元宇宙技术之上的人工智能 AI 技术是持积极支持态度的，对于人工智能的体育训练价值是持肯定态度的。②

2. 元宇宙技术赋能体育现代化作用微观机理研究领域

理论分析固然不能代替实证研究，因为理论分析大多是定性化的描述而定量分析则具备实证研究的基本逻辑。基于此，学术界快速展开了关于“元宇宙技术赋能体育现代化作用微观机理”的研究。绝大多数学者从元宇宙技术赋能体育产业发展和体育训练科学化的视角展开了研究，相关研究成果具有一定的说服力和公信度，但是有些研究存在着数据不全和模型建构误差过大的问题。黄永明（2023）研究了科技赋能体育训练高效化的问题，指出利用相关多元线性回归模型可以清晰地展现网络技术、通信技术、区块链技术、元算法技术和元宇宙技术对于体育训练科学化的指导意义，强调要大力发展元宇宙技术的场景再现技术和数据回放技术。③冯误睿、郑家鲲（2023）研究了数字技术对于体育训练的作用，指出包括元宇宙技术在内的所有数字孪生技术都能够推动体育训练的科学化和精益化，这种精细化社区体育管理机制是科技时代的最美“彩虹”。④ 在元宇宙技术赋能体育产业健康发展领域，学者们的研究大多集中在耦合机制和倾向性得分匹配法方面。郭轶群、秦天浩、江礼磊等（2022）利用层次分析法和极值 EGP 模型研究了体育元宇宙的多种构成要素及其运作机理，指出元态宇宙模型实际上位于整个体育科技发展的核心位置，而不同层次上的体

① 戴毅 . 元宇宙技术对体育训练素质和体育科技进步的显性和隐性影响宏观机制研究 [J]. 新课程研究，2024（8）：119-120.

② 赵刚，席翼 . 突破、展望与隐忧：AI 技术介入学校体育的思考 [J]. 天津体育学院学报，2023, 38(3)：283-288.

③ 黄永明 . 科技赋能学生全员体育锻炼的实践研究 [J]. 体育教学，2023,43(1)：78-79.

④ 冯误睿，郑家鲲 . 数字技术助推社区体育精细化治理：内涵、机制和路径 [J]. 体育学研究，2023,37(2)：85-95.

育要素居于元宇宙场景的不同位置并产生持续不断的辐射力和外溢力，从而导致实证结论存在偏差，而云模型的引进则明显改善了数据分析的缺陷和不足。最终结论是体育元宇宙技术对于体育现代化的赋能作用存在“二值化探讨”和“双向作用”。①罗宇昕、李书娟、沈克印等（2022）从体育产业高质量发展的视角研究了元宇宙技术的推动作用，指出“藤模型”分析和基于耦合机制分析的“期望模型”实证表明，元宇宙技术是所有数字技术的核心，而元宇宙技术推动实体体育产业高质量发展的作用机理呈现出多元特征和多层次结果。整体来说，要注意元宇宙赋能体育现代化产业高质量发展的“生态负外部性”和“系统安全性”问题，避免各种客户数据的泄漏和非法使用问题。②总体来看，在“元宇宙技术赋能体育现代化作用微观机理研究”领域，学者们的成果相对较少，而且大多实证分析数据缺乏广泛的调查支撑，使实证结论具备可探索性和商榷性。

（三）元宇宙技术赋能体育现代化应用场景的研究现状

2022年12月28日教育部、工业和信息化部、文化和旅游部、广播电视总局、体育总局五部门联合发布《虚拟现实与行业应用融合发展行动计划（2022—2026年）》，其中明确提出了“虚拟现实＋体育健康”场景应用落地，实现体育产业与虚拟现实有机融合的重大问题。③自此之后，体育科研界快速展开了对元宇宙赋能体育现代化应用场景的研究，指出在各种体育综合赛事和体育教育过程中引入元宇宙技术可以实现高度逼真、高度体验、高度精准、高度测控和自由创造等体育新方向。具体地讲，元宇宙技术赋能体育现代化应用场景的研究主要集中在以下两个方面。

1. 元宇宙技术赋能体育现代化教学应用场景的研究

元宇宙技术赋能体育现代化教学应用场景的研究主要集中在对体育教学方

---

① 郭轶群，秦天浩，江礼磊，等．体育元宇宙的内涵特征、多元价值及建构要素[J]. 西安体育学院学报，2022, 39(4)：403-409,416.

② 罗宇昕，李书娟，沈克印，等．数字经济引领体育产业高质量发展的多维价值及推进方略[J]. 西安体育学院学报，2022(1)：64-72.

③ 吕雄策．体育元宇宙助力体育产业[EB/OL].https://sports.gmw.cn/2023-10/13/content_36891795.htm.

法、方式和课程体系的研究方面。郭江浩（2023）研究了传统体育教学方法、训练方式和课程体系的特点和不足，指出在新技术泉涌如注的新时代，元宇宙技术的数据体验属性和场景再现技术已经将体育教学方法的改革提高到议事日程，只不过由于目前国内外经济环境不景气的制约，这种体育教学技术化进程受到了实践和资金方面的巨大挑战。①也有学者研究了元宇宙视域下高校体育教育中技能学习创新力培育的问题，指出若将元宇宙技术应用于高校体育教学过程之中，必须解决体育室内课堂教学的多媒体化问题、必须解决体育室外课堂的程序化和科学化问题、必须解决体育社会化教育的因材施教问题、必须解决元宇宙技术融入体育课程思政的价值意蕴和场景切换问题。②石磊、张笑然研究了元宇宙技术在体育课程思政教育中的出场顺序和内在结构，指出元宇宙技术的多维感官和虚拟链接克服了传统思政教育的缺点，使体育课程思政教学的边界得以拓展、位置发生变化、叙事不断升级，由此导致二维场景不断转化为三维场景，从而给学生群体带来的激情的感官体验。③荷兰学者莫菲（2023）研究了体育元宇宙的数据个性和数字人格权问题，指出在高等教育过程中实施元宇宙体育教学可以改善教师的个性脾气、可以完善大学生的积极人格、可以优化多格教育的深层认知，将起到苦口婆心式的体育说教永远无法达到的教学效果。④总体来看，学术界关于元宇宙技术赋能体育现代化教学应用场景的研究大多集中在文本解释学的层面，还没有上升到系统性认知的高度，因此相关场景描述缺乏现实可操作性。

2. 元宇宙技术赋能体育评价机制应用场景的研究

体育评价是对体育教学、体育比赛绩效、体育运动效率、体育休闲价值、体育国际化交流、体育人文素养提升等体育运动元素进行主客观描述的基本路

---

① 郭江浩 . 内涵、应用与展望：迈向“元宇宙”的在线体育教学研究 [J]. 河北体育学院学报，2023, 37 (1)：11-20.

② 艾昀乐，戴小敏，钱澄 . 元宇宙嵌入体育课程思政教育的价值意蕴、实践展望与现实挑战 [J]. 体育世界，2023（9）：47-51.

③ 石磊，张笑然 . 元宇宙：思想政治教育的未来场域 [J]. 思想教育研究 ,2022(3)：36-42.

④ MURPHY N.A. Multiple personality order：Physical and personality characteristics of the self, primaryavatar and alt[M]//Reinventing Ourselves：Contemporary Concepts ofIdentity in Virtual Worlds. Springer, London,2023：213-234.

径和方法。一般来说，学术界大多从可操作性方面研究“元宇宙技术赋能体育评价机制的应用场景”，而对于这种应用的伦理性思辨价值往往较少关注。刘辉（2022）研究了元宇宙技术在上海虚拟体育场馆建设中的现实应用，指出评价元宇宙技术的体育赋能水平，必须结合体育赛事安排的诸多影响因素，比如国内稳定因素、国际关系因素、体育文化因素、人文道德因素、体育人才因素、体育训练因素等。只有从多角度、全方位、多层次对元宇宙技术赋能体育评价的应用场景进行精准的阐述，才能不断推动上海体育事业的发展。①叶海波（2023）使用熵值加权法研究了元宇宙技术赋能体育公益慈善管理平台评价机制的研究，指出将元宇宙技术应用于体育慈善管理的场景突出表现在体育慈善事业数字化平台的建设和科学评价问题，如果分布式账本、时间戳证明机制、非对称加密算法和智能合约机制的集成应用解决了体育公益慈善在公信力、资源、公众参与度等层面的现存难题，那么多元线性模型的实证结果表明，对元宇宙技术赋能体育现代化的评价应该集中在正向作用方面，而对于负面评价作用的评价应该集中在“包容性容错机制”的指标领域。②王智慧（2022）对建立在元宇宙平台基础之上的体育短视频制作绩效机制进行了客观的评价，指出现在各种直播平台首发的各类体育短视频都可以在元宇宙技术的支持下实现 3D 或 5D 的回放和逆向数据追溯，最终能够发现初次上传到短视频平台终端的 IP 地址和先期植入的各种广告 BUG 和冗余病毒。因此，必须使用倾向性得分匹配法和插值法实证分析元宇宙技术赋能体育短视频的双重结果和作用。③总体来看，学术界关于元宇宙技术赋能体育评价机制应用场景的研究大多集中在普通的实证分析方面，没有采用当今世界最为流行的元数据分析模型和多元权重配置模型，因此相关的研究深度有待扩展。本书将使用这些较为流行的实证模型分析元宇宙技术赋能体育生态治理现代化的理论和实践问题，以期为后续学者的研究提供有限的方法论参考。

---

① 刘辉．体育元宇宙时代来临，上海虚拟体育公开赛国内首发 [EB/OL].hops：//j.eastday.com/p/165968995503995.2022-08-08.

② 叶海波．体育元宇宙：产业逻辑与模式创新 [C]. 第八届中国体育博士高层论坛论文汇编（专题报告），2023-12-26：36-37.

③ 王智慧．身体符号与圈层关系：“微社群”中的情理与人伦——基于体育类短视频的创作、点赞与评论 [J]. 上海体育学院学报，2022,46（12）：22-23,69.

（四）元宇宙技术赋能体育现代化实践路径的研究现状

体育现代化事业的发展既关系到相关体育理论的现在宣传和路径引导问题，也关系到后发体育运动实践机制的构建和可操作性问题。虚拟网络实践是推动元宇宙技术发展的重要动力，而多样化电化实践同样是推动元宇宙技术赋能体育现代化的基础性力量。基于此，学术界快速展开了关于元宇宙技术赋能体育现代化实践路径的研究。总体来看，研究路径大多集中在定性讨论和政策性相关性机制方面，对于元宇宙技术赋能体育现代化非政府渠道和民间渠道的研究相对较少。在路径政策通行性方面和实践可操作性方面的研究值得进一步深化。

1. 元宇宙技术赋能体育产业现代化实践路径的研究现状

黄诚胤、屈秦沁、张真源等（2023）研究了元宇宙技术与体育产业相互融合的特殊机制和实践路径，指出推动元宇宙技术和体育产业的有机融合必须得到法律的大力支持和政府政策的有力推动，因为元宇宙技术在体育产业中的应用必然引起体育要素市场配置方式和资源转移方式的变化，并借此引起体育产业布局的变化和体育生态治理模式的变化。[①]刘庆群、徐伟康（2022）研究了元宇宙技术环境下体育要素市场化数据的保存和安全性措施问题，指出推动元宇宙技术赋能体育要素市场化的机制和体制建设必须抓住历史发展机遇、直面技术挑战、构建合理路径。[②]值得注意的是，美国学者大卫·斯蒂格利茨（2024）研究了中国元宇宙技术的发展现状和未来前景，指出解决元宇宙技术赋能中国体育现代化的市场化困境、技术性难题、利益平衡机制和权属化争议必须注意体育价值的失范问题、体育资源优先配置的成本问题、数据人格的德行争论问题和“二元共治体系”的时空标准化问题。[③]显然国外学者对于“元宇宙技术赋能体育产业现代化实践路径”的研究已经深入中国科技管理体制的顶层设计和优化路径方面，但是国外学者的研究普遍存在着弱化中国本土学者科技创新实力、过分夸

① 黄诚胤，屈秦沁，张真源，等 . 元宇宙与体育融合发展的结构性障碍及纾解路径 [J]. 体育科学，2023（3）：14-26.

② 刘庆群，徐伟康 . 我国体育数据要素市场的培育：机遇、挑战与对策 [J]. 体育科学，2022(5)：29-37.

③ David.Stigalikze.What we know and what we do not know about digital technologies in the sports industry [C] Information Systems (AMCIS)，2024.Americas Conference on Meta-space Technology Development.

大西方科技金融活力的痕迹，因此相关结论存在一定的偏颇和利益制约性。

2. 元宇宙技术赋能体育教育现代化实践路径的研究

一个国家振兴的标志是教育，一个民族伟大复兴的重要评价标准就是教育的现代化。尽管国内外学术界对于“教育现代化”的评价标准和定义模式存在着诸多争议，但是在其基本的内涵层次上，教育现代化必须包含体育现代化的特定含义，而体育现代化必须是建立在教育现代化的“土壤”之上。在2020年被界定为“元宇宙技术元年”的时代背景下，研究元宇宙技术赋能体育现代化的实践可能性和具体操作路径问题已经成为体育产业界和体育教育界不可逾越的重大课题之一。艾昀乐、戴晓敏、钱澄（2023）研究了元宇宙技术嵌入体育课程思政的现实挑战和实践路径，指出促进体育现代化建设必须将最发达和最先进的科学技术融入体育课程建设和“课程思政”教学的基本架构和逻辑体系之中。而元宇宙技术作为第四次科技革命的最前沿技术已经在实践层面显现出强大的生命力和发展前景，应该成为促进体育课程思政教学的重要辅助手段。[①]李彗、雷强（2023）从人性全面发展的角度论证了元宇宙技术的德行本质，强调将元宇宙技术运用到体育课程思政教学的过程中必须解决体育科技化引发的“传统体育运动的异化”问题和“体育人才的畸形伦理”问题。[②]黄谦、王欢庆、李少鹏（2022）研究了元宇宙技术场景下体育赛事和体育经济的“多维转换”问题，指出虚拟体育空间场景既可以是现实场景的拟真再现也可以是超越现实体育场景的场域再造。这种场景优势为体育教育实践创造了技术前提和环境基础。从实践可得性角度看，推动元宇宙技术赋能体育教育现代化的长足进展，必须注重体育现实世界和体育虚拟世界之间的伦理转换和技术拓展问题、必须看到体育运动的“游戏”属性和电子游戏的“身体竞技”要素、必须注意赛博空间重力转换对体育运动参与者身体效能的刺激和潜在影响力、必须注意元宇宙监控技术对于现实体育运动兴奋剂等违规行为的技术“专治”限度问题。[③]

---

① 艾昀乐，戴小敏，钱澄．元宇宙嵌入体育课程思政教育的价值意蕴、实践展望与现实挑战[J]. 体育世界，2023（9）：47-50.

② 李慧，雷强．体育元宇宙：未来体育发展的乌托邦畅想与反思 [J]. 体育与科技，2023（2）：9-16.

③ 黄谦，王欢庆，李少鹏．体育未来发展的逻辑重构与实践展望——从元宇宙概念谈起 [J]. 西安体育学院学报，2022（2）：129-135.

三、技术路线和研究方法

（一）技术路线

本书首先在导论部分阐述了“元宇宙技术”及其相关概念的基本含义，接着对“元宇宙技术赋能体育现代化”的相关研究文献进行了综述，强调研究元宇宙技术赋能体育现代化的理论和实践问题必须紧密联系数据社会化理论、区块链云算法理论、人工智能理论、中观元宇宙理论、科技体育理论和体育现代化理论。随后指出了元宇宙技术赋能体育现代化的作用机理、应用场景、风险挑战和实践路径。在环环相扣的逻辑思维支持下，构建了元宇宙技术赋能体育现代化的具体线图（见图 1.1）。

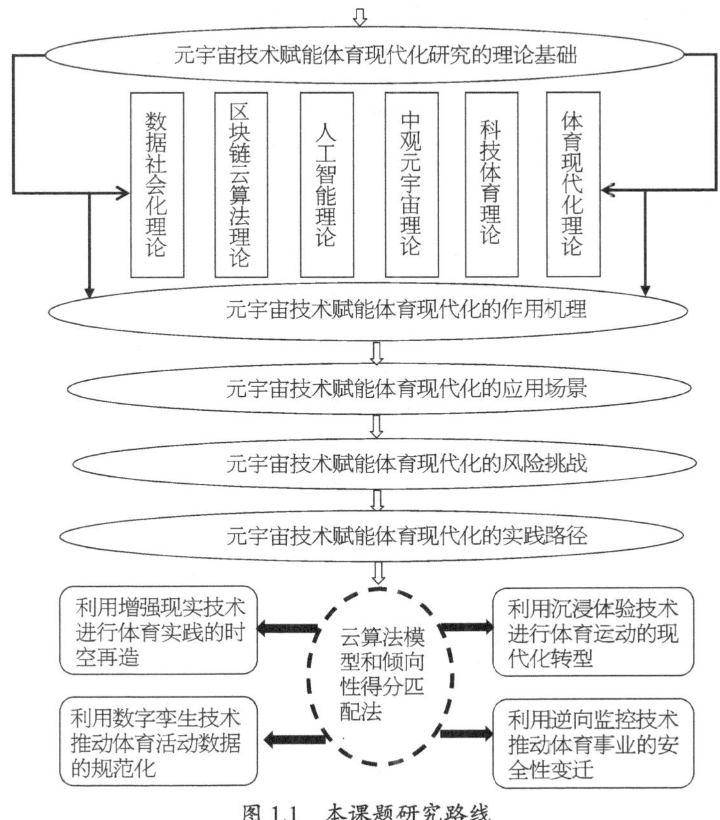

图 1.1 本课题研究路线

（二）研究方法

研究元宇宙技术赋能体育现代化的理论和实践问题必须使用模型实证法、结构演绎法、逻辑构建法、归纳演绎法和文献搜寻法等多种实用技巧和方法。具体讲本书所使用的研究方法包括以下三种。

1. 基于 PYTHON 语言的文献析取法是本课题研究方法上的巨大创新。与传统的 C 语言或者 C++ 语言相比，PYTHON 语言具有衔接代码相对灵活和代码移植易于掌握的特点，只要熟悉基本的人机对话原理，PYTHON 语言在数据搜索方面、资料整理方面、可视化建模方面、文本转换方面、字符串叠加方面和智能合约签名方面都具有传统计算机语言无法替代的优势。

2. 在实证分析方面，本课题首次采用了基于遗传算法的模糊综合递进模型、基于时间序列数据的 DVAR 模型、基于面板数据的灰色关联度模型、基于包络算法的耗散加权模型、基于卡钳匹配法的倾向性得分模型和基于蚂蚁算法的云模型，保证了实证分析的稳健性和准确度，具有研究方法上的显著创新。与此同时，本课题还采用智能区块技术将各种实证分析方法整合到统一的“模型检验区块链”上，对于相关实证结果进行了多次验证，以避免回归结果可能存在内生性和循环回归问题。

3. 将纸质历史文献和网络空间文献相结合是本课题研究方法上的创新。本课题通过政府机构网络和民间机构网络调取了公开发布的体育现代化数据；对于没有公开或者具有网络准入权限的数据做好了用户名和密码的安全保护事宜；对于需要付费索取的数据均通过正常金融科技（Fin-Tech）途径进行付费转账和下载保存，使用过程中严格注意数据文献和纸质文献的合法复制问题并设置了电子黑客攻击的“超级火盾”程序。对于历史文献的收集均采用了时空相对性法则，既注意了纸质文献的保存时效问题，又注意了不同地区使用该类文献的差异性问题。同时，对于学位论文数据和非制度化网络跟帖数据也进行了收集和核验，对于引用文献和数据图表等均遵循了严格的学术规范要求，在脚注和尾注处均对引文出处和作者信息进行了注解和说明，保证无知识产权争议和纠纷。

四、研究不足及改进措施

尽管本书作者对于元宇宙技术赋能体育现代化的相关理论和现实问题进行了大量实证分析和资料收集，但是就目前中国元宇宙技术平台建设的资金投入和技术研发来说，我国仍然处于极为落后的阶段，这就导致该研究显现出理论系统化层面和实际可操作性层面的诸多缺陷和不足。无论是在元宇宙技术赋能体育现代化的应用场景领域、实践路径领域、风险挑战领域和作用机理领域，本书的研究充其量起到了一个“抛砖引玉”的作用，而且在以下几个方面存在着缺陷和不足：理论分析上存在着资料收集的不足、在实践路径上存在着具体操作性上的不足、在实证分析方法上存在着不足。基于以上分析的不足和缺陷提出如下改进措施：继续收集该领域的相关研究资料、增强实践可操作性的研究和优化实证分析模型和方法选择等。

第二章

理论基础

研究元宇宙技术赋能体育现代化的理论和实践问题必须紧密联系数据社会化理论、区块链云算法理论、人工智能理论、中观元宇宙理论、科技体育理论和体育现代化理论。其中区块链云算法理论和中观元宇宙理论为本课题的研究提供了底层的技术支持；数据社会化理论和人工智能理论为本课题的研究提供了社会延展空间和数字化前提；科技体育理论和体育现代化理论本课题的研究提供了体育知识论条件。

一、数据社会化理论

在较为宽泛的计算机研究领域,“数据”（DATA）经常被定义为一种“中性”词汇。但是在较为严格的词汇语义学研究领域，“数据”（DATA）则经常被定义为“具有某种社会属性的非中性”概念。客观来说，自然的东西无论如何不能被直接界定为“财产所有权属性”或者“既得利益者”属性，但是人类历史演化的逻辑和现实一再提醒人们，“数据”（DATA）是存在“社会属性的”，比如为谁服务的问题、被谁控制的问题、数据诈骗产生的利益纠纷问题、数据身份问题、数据所有权问题、数据军事化问题等。在体育现代化蓬勃发展的今天，数据社会化理论为本课题的研究提供了广泛的想象空间和现实场景。具体来讲，数据社会化理论在以下体育领域应用广泛。

（一）体育行业投融资数据社会化理论

“投融资”是一个金融学术语，意指人类在生产和消费过程中为了充分发挥货币弹性和金融杠杆率而采取的投资和融资的过程和结果。一方面体育行业的发展需要资金的支持，必须有大量的社会资本介入体育活动中才能产生基于“滚雪球”效应的利益配置模式；另一方面体育行业融资规模和融资路径受到政府和非政府组织的强力干预。在此背景下大量中小型体育企业会在各种技术或者技巧的配合下完成体育资本的初始化融资过程或者叫“原始积累”过程，而元数据技术就成为我们这个时代体育行业发展的重要技术支撑。具体来讲，数据社会化理论在体育行业投融资领域的应用主要表现在以下几个方面。

1. 体育行业投融资规模的数据化

所谓“体育行业投融资规模”是指体育行业通过各种途径募集资金的数量指标。一般来说，融资规模越大意味着该类体育行业发展的后劲越足，与此同时也意味着该类企业通过经常性利润账户偿还贷款的数量也就越大。所以说在一个“非零和”博弈的市场经济机制下，体育行业的融资规模往往和企业的社会责任紧密相连。对于国家来说，详细掌握企业的投融资实力对于政治稳定和资本的可持续获得意义重大，当国家互联网数据中心通过各种“大数据”（big data）获取的投融资信息失真的话，那么整个国家的金融安全就会受到很大影响，甚至在很大程度上决定了整个金融生态环境的良性运作。基于此，任何一个国家都会把“体育投融资数据化”作为稳定金融形势、强化金融监管、获取金融收益的首要任务来抓。一般来说，体育投融资规模的详细数据都会封存在“国家金融数据安全监控中心”的大型服务器里边，为了保证这些数据的安全性，政府及互联网管理中心往往采用“蒙特卡罗加密法”对这些数据进行多重加密，而区块链算法（512 位加密算法）则成为国家掌握体育行业投融资数据的“第一法宝”。

2. 体育行业投融资模式的数据化

当今世界上已经出现的体育行业投融资模式一般有以下几种：直接融资模式、间接融资模式、行会式融资模式、风险投资融资模式和虚拟投资融资模式等。与此相适应，大量的体育行业投融资数据在互联网的协助下快速滋生开来，那么哪些数据是真实的，哪些数据是伪造的，哪些数据是用户跟帖产生的，哪些数据是次生性非结构化数据，哪些数据是境外组织编制的伪数据链，这些问题都需要网络信息管理中心加以科学识别和认真研究。一般来说，那些没有明确的 IP 追踪信息的网址、网站和投融资平台，那些不是采用实名注册的投融资平台、那些采用 P2P 网贷模式运作的公司或企业，那些没有确切还款渠道的“众筹式”融资平台，大多是属于“非正式”的投融资模式。这些每年导致用户财产性损失的投融资模式大多会被国家互联网信息中心列为“黑名单”，于是各种网络平台便采取了规避“主权壁垒”的境外运作模式，进而构成了规模庞大的“境外投融资诈骗集团”，给国家和人民造成了不可估量的资金损失。一般来说，会把各种投融资模式的详细信息通过“大数据搜索机制”记录下来并通过“挖矿机制”随时与“扑面而来”的各种金融数据进行比对，从而尽快发现各种“伪投融资数据”和非法投融资模式数据。一旦这些数据被记录在案，那么试图通过窃取体育行业投融资数据进而牟取暴利的机构和组织就失去了存在的土壤，而正规性投融资和合法性投融资模式便登上历史的舞台。

3. 体育行业投融资风险的数据化

所谓“体育行业投融资风险”是指体育行业投融资过程中出现的资金募集数量无法满足实际资金需求带来的机会风险、体育行业融资规模过大造成的资金偿还风险、资金集聚过程中出现的成本损失风险、资金募集过程中出现的人才道德风险等。这些风险的存在在一定程度上弱化了体育行业投融资的质量和效益，因此备受融资界专家和学者的重视。在第四次科技革命快速发展的今天，以电子计算机技术为代表的最前沿技术深刻影响着体育行业的投融资风险问题。比如，互联网融资、网贷、P3P 信贷、众筹融资、区块链融资、元宇宙融资等都面临着投融资风险数据的分割、拷贝、保存、复制、粘贴和传递等现实问题，如果在以上任何一个环节出现了投融资数据的泄漏或者外溢，那么基于银行存证信息的用户名信息、密码信息、客户身份信息、用户交易信息、违规操作信息和金融安全监控等信息就出现“扁平化”。所谓“扁平化”就是指客户所有信息都可以在互联网上利用各种搜索工具加以识别和保存，于是各种借助于用户身份证号码信息、用户实名信息、用户交易习惯信息、用户账户基数信息等的国内诈骗和跨境诈骗就会如雨后春笋般发展起来。客观来说，体育投融资风险的数据化就像是一把“双刃剑”，一方面这种数据化能够优化体育行业发展的结构性缺失，另一方面这种数据化可能造成体育行业巨大的财产性和非财产性损失。

4. 体育行业投融资过程的数据化

所谓“体育行业投融资过程”是指参与整个体育行业的个人、公司或企业、政府营利性组织都必须按照国家法律或者制度性程序完成的投融资现象和投融资阶段。一般来说，体育产业投融资过程包括初始宣传阶段、中期规划阶段、中间实操阶段和后期监控阶段等四大过程，在这些过程中如果出现“过程违规”或者“行为失当”，就会导致“停滞性中止”或者“过程性终止”现象，此时体育产业投融资过程就会出现“失败”的现象。为了保证整个体育行业投融资过程的顺畅和连续性，一个国家的金融和非银行金融机构往往会采取存证保留的“数据化”方法来保存整个操作过程的所有交易数据，包括用户操作的录像信息、书写信息、身体动作信息和离场信息等，同时对于用户的个人生理性信息都采取了严格保密和“时间戳”保存的方法。从当今世界各国体育行业投融资的现状来看，投融资过程的数据化已经成为金融产业变迁的基本方式和模式。那些关系到体育期货、体育股票投资、体育基金和体育债券等的行业均按照国际标准采取了全过程投融资数据化的保存模式，其实际效果较为显著。

（二）实体体育产业数据社会化理论

实体体育产业是与虚拟性体育产业相对应的概念，其主要是指的生产、销售、运输、仓储和消费相关的教育体育产业、体育创意产业、体育文化博彩业、体育服务业、体育房地产业、体育交通运输业和体育外贸产业等。近年来，随着网络技术和区块链技术的发展，各种各样的体育数据逐渐被赋予了产业振兴和产业变迁基础的重要含义。比如，某一个体育运动鞋品牌企业的年销售净利润和毛收益之间的差额收益问题、耐克皮鞋的外销平台年度成交额与上一年度销售额的代际差异问题、花花公子体育运动裤的零销额度的年度递增比问题等。这些体育品牌企业的产品销售数据都是属于保密性数据，因此需要专门的数据服务器加以有效保存。总体来看，实体体育产业中数据的应用主要体现在以下两个领域。

1. 体育竞技产品行业的应用

体育竞技产品往往属于高端制造的产业和行业发展领域，比如高尔夫球系列的产品、击剑系列产品领域、射箭系列产品、划船系列产品等往往具有较高的产品价格和售卖品质。这些体育运动产品的生产和销售往往具有系统的结构性渠道，并不是随便一个企业就可以申请到零售资格或者批发资格的。因此任何国家对这些体育运动产品的产销问题都采取了较为严格的审核和监督措施，比如产品质量标准的检测问题、产品平均寿命问题、产品质量的国际化问题、产品的贸易周期问题等。就目前中国体育实体产业的发展状况来说，绝大多数体育企业对于关系体育运动赛事产品安全的问题都采取了较为苛刻的审查机制，这些审查机制都会避开第三方体育金融交易机构和外部干预部门，而采取相对独立的质量审查机制。这些审查数据都会保存在企业的核心数据库里，从而为元宇宙技术在体育实体产业的应用奠定了基础。

2. 体育休闲产品领域的应用

所谓“休闲体育产业”是指与人民群众业余休闲领域相关联的产业形态，比如健身器材的生产和分销产业、体育休闲场馆的建设和维修领域、休闲体育运动会所需产品的生产和销售领域等。历史进入后现代社会以来，随着大数据技术和区块云算法的改进，数据社会化已经在体育休闲产品领域产生了积极的影响，比如居民（公民）公共休闲时间数据、公民人口数据和体育器材数据之间的最佳搭配比数据、公民休闲时间和劳动时间的比例数据等，都是可以用于元宇宙算法建模的数据。尽管某些国际组织将“休闲体育产业”定义为“提供居民或者村民精神性迫切需求的产业”，但是在较为宽泛的体育社会学意义上，休闲体育运动会的创立、休闲体育产品的生产和销售、休闲体育数据的大量出现正在为人类社会提供更多的精神性需求和物质性收益。而由此所产生的休闲体育数据恰恰为元宇宙体育平台的创新提供了机会，比如国际休闲体育品牌展览会的举办不仅丰富了休闲体育运动数据库的存量资产，而且大大提升了中国休闲体育产品国际化的质量和规模，其数据社会化作用明显。

（三）体育保险数据社会化理论

保险行业是一种具有显著社会属性的金融产业。在当今西方发达资本主义国家，绝大多数的金融集团会在实体金融业务之外开垦一片属于“虚拟资本保险”的天地。虚拟资本保险业务并不是说这种保险是“虚无缥缈”的，而是说在会计电算化和金融元宇宙化的科技背景下，要想实现金融资产的良性组合收益，就必须将保险业看作必不可少的金融沉淀资产，而作为一种非银行金融机构，各类保险公司必须首先将公民生命保险、财产保险、养老保险、医疗保险和失业保险等业务综合起来，实现保险业数据的社会化。具体来说，数据社会化理论在体育保险业的应用主要体现在以下两个领域。

一是在体育人身保险领域的应用。数据社会化理论强调人类迄今为止所有的“人性化”数据都是具有人的生理属性的数据，如果一种数据是完全脱离了“人”的身体本能的数据，这种数据要么是“海市蜃楼”式的浮夸数据，要么是东施效颦的东拼西凑数据。“体育人身保险数据”是人类体育运动领域所发现的有关“体育人”身体五脏六腑功能运作良好的重要证明材料。比如，运动医学所强调的基因数据、传染病数据、量子数据和防疫抗疫数据等都是可以用于开发体育人身保险的数据。这类数据的金融保险收益将随着人身体技能和机能的亢进而有所减少；反之如果人类身体素质越来越差和生理机能逐步衰退，那么这类金融保险的收益就会越来越少。

二是在体育赛事保险领域的应用。人类迄今为止所发生的所有体育赛事本质上都是“较力”的身体运动，尽管有些体育赛事是以脑力运动为主打的运动形态，但是这种脑力活动也是需要消耗巨大体力的。比如，李昌镐在 2008 年一次围棋比赛中出现的“晕棋”事件就是明证。那么无论是何种体育比赛如果发生了人身意外或者精神歧视，最好的也是最快的补救方法就是“体育赛事保险”。根据通常的保险费用缴纳标准，体育人在发生体育事故过程中所接受的保费金额是非常客观的。当然，证据的提供有时会落后于事故发生的时间戳证明，由此可能产生各种保险纠纷并持续拉升当事人提起报销诉讼的初始费用，从而变相打压了体育保险的安全性和高收益属性。这一点必须引起投保人的高度关注。

（四）体育虚拟投资数据社会化理论

所谓“体育虚拟投资”是指社会上广泛发生的以体育实体产业或者体育虚拟企业为标的的产业投融资行为以及由此所产生的外围体育产业和体育现象。比如，投资于体育类股票、体育类基金、体育类债券、体育类期货、体育类期指、体育类结构性和非结构性理财产品、体育融资平台等都属于体育虚拟投资的范畴。根据美国纽约证券交易所提供的数据，2019—2023 年是体育类虚拟投资额度飙升的四年。在这一段时期内，随着疫情的流行和全球金融危机的爆发，人类体育产业则出现了方兴未艾的局面。大量的体育类股票和期货合约等出现了大幅增长的局面，这一方面是由于人类对于休闲体育的重视；另一方面也与疫情对人类整体免疫力的深度破坏有关。总体来看，数据社会化理论在体育虚拟投资领域出现了以下两个方面的应用。一是体育虚拟数据的买卖领域。比如，散户对于涉及体育类股票的情感因素可能导致周五的交易出现飙升或者大跌的情形，在某些外资控制下的体育股票甚至出现了“熊市中的牛市”局面。这些数据的社会化传播为体育虚拟数据的交易创造了先天机遇。二是体育虚拟数据的其他领域应用。比如，虚拟体育数据对于体育赛事的推动作用、对于体育彩票业的促进作用、对于体育信心的推动作用等。美国学者桑切斯曾经指出，体育虚拟资产的交易本质上就是“格林斯潘定律”的交易，尽管近年来美国外债规模直接影响到体育虚拟资本的买卖规模和交易红利，但是不可否认的是散户对于体育股票、基金和期货的投资兴趣仍然呈现出如火如荼的景象。这已从侧面印证了体育虚拟投资数据社会化的极端重要性和相对安全性。

（五）体育赛事数据国际化传播理论

所谓“体育赛事传播国际化”是指体育赛事声音信息、图片信息、视频信息、文字信息和跟帖信息等在国际范围内广泛散播和流布的现象和过程。一般来说，体育赛事直播平台是体育赛事国际化的权威性数据来源，而各种博客和微博的数据信息并不具备官方的权威性，就像想要了解中国国家体育总局的体育赛事信息可以不必电话咨询只需官网查询即可。在数据社会学意义上，体育赛事的传播数据都是经过网络审核和管理员认定的权威信息，但是在有些时候官网数据也可能具有一定的延迟性和时滞性，这必然导致借助于官网数据所作出的分析和研究的相对性。本书致力于元宇宙技术对体育现代化发展的赋能问题，因此必须研究体育赛事信息在各个国家间互相传播的数据效能和数控力度。体育赛事的数据化传播原理可以分为两个方面：一是体育赛事数据传播的“核心数据社会化”原理。所谓核心数据是指在元宇宙“区块头”的体育数据，这部分数据决定了体育赛事举办的时间信息、地点信息、人员信息、规则信息和奖惩信息等。这类信息的数据化表现为极强的政府权威性和法理性，比如国际乒联公布的第 44 届世界乒乓球锦标赛比赛时间信息、地点信息、参与者信息、裁判信息、规则信息、视频录制信息和不确定性裁定信息等都是需要借助元宇宙技术才能实现的，都必须具有准确性和不可随意更改属性，而时间戳技术、智能合约技术和逆向追溯技术则是保证官网核心比赛数据权威性的唯一技术基础。二是边缘体育赛事数据的社会化传播原理。所谓“边缘体育赛事”是指那些没有通过官网数据库保存和调取的信息，这类体育赛事信息的互联网传播大多借助于一些非政府组织的网站、公司网站、个人直播平台和跨际网络平台加以实现，尤其是在这些网络主体下面的 BUG 数据库中、跟帖数据库中、博客数据库中和随意性发言数据库中都能够见到很多“冗余性”体育赛事信息。由于这些体育赛事信息的社会化传播采取了非常规的散乱式渗透方式，所以其权威性和合法性需要浏览者（网民）自行判断。由于各种杂乱无章的体育赛事信息不断通过后台收费平台加以“首显化”，因而很容易滋生网络诈骗和异化消费主义现象。

（六）体育课程思政数据社会化理论

所谓“体育课程思政”是指在体育课堂教学中渗透进思想政治教育理念、思政课程、思政评价指标体系、思政授课方法、思政引导方式、思政教学工具等的体育过程和教学结果的总称。一般来说，体育课程思政是贯彻国家思政课教学改革的核心环节，2020 年 5 月教育部公布的《高等学校课程思政建设指导纲要》明确指出，高校课程思政教学改革是贯彻落实中共中央办公厅、国务院办公厅《关于深化新时代学校思想政治理论课改革创新的若干意见》的重要步骤，必须加以认真落实和有效实施。[①]作为高校思政课教学必不可少的重要组成部分，体育元宇宙教学改革不仅顺应了当今新时代思政课教学改革的整体方向，而且大大提高了体育思政课改革的效能和速度。与此相适应，体育课程思政数据的社会化应用就成为当下体育课程思政改革的重要方面。一般来说，体育课程思政社会化原理主要包括以下三个方面。

1. 体育课程思政价值元宇宙理论

该理论强调将体育元宇宙平台应用到体育课堂教学之中，不仅提高了体育课教学效率，而且推动了大学生思想政治素质的养成和提高，其理论价值不可估量。有学者甚至指出，可视化和可回放的元宇宙平台将索然无味的思政课教学理论沉浸式地融入逼真的专业元宇宙场景之中，大大激发了大学生的

① 中国政府网站 . 教育部关于印发《高等学校课程思政建设指导纲要》的通知 [EB/OL].https://www.gov.cn/zhengce/.

创新热情和创造潜力。[①] 尤其是对于机械设计和矿山开采的理工科学生来说意义更加重大，许多博士或硕士研究生借助于元宇宙平台完成了自己需要两三年才能完成的高端机械设计实验和矿物开采实验，并成功拿到了毕业论文答辩资格。体育课程思政元宇宙理论还坚持将思政课教学的政治方向性和法理属性作为评价体育专业学生的重要标准并制定了思政素质不达标不予毕业的“一票否决”政策，强调如果我们国家培养的体育专业学生不具备坚定的理想与信念、没有为中华民族伟大复兴献计献策的本领、不懂得思想政治素质培养的未来价值和远期意义，那么就不是一个合格的大学生，更谈不上从事关乎人的思想发展、个性养成和行为导向的体育专业大学生了。

2. 体育课程思政实践元宇宙理论

再高屋建瓴的理论也不如“微小的行动”，正如“坐而论道不如起而行之”一样，生活在世界百年未有之大变局时代的大学生如果没有为社会主义现代化体育事业浴血奋战的实践动力，那么再多的理论也只是海市蜃楼的装点而已。基于此，体育课程思政实践元宇宙理论提出了一个令全世界科技界为之振奋的理论，即“感官交互理论和动态元宇宙理论”，该理论强调寄生性是体育专业学生的通病，必须加以技术化改造。而元宇宙技术则是改变体育专业大学生沉迷于网络游戏进而不务正业的重要方法。之所以强调动态性是因为传统的体育课程教学缺乏思政课教学的方向性引导、失去体育课程的运动本真，因而造成了教学主体的机械性行为和教学客体的枯燥性反感，而感官交互则是实现体育课程思政的最佳平台。因为元宇宙的“分导式区块头”具备乘数效应的感官交换节点，在银河 10 亿次计算机的协助下，普通的教育元宇宙平台都可以容纳 10 亿人同时进行感官对话，这也是人工智能得以方兴未艾的关键技术。尽管面对元宇宙的技术屏障，有些科技专家选择了退却等待，但是在宏观人类学意义上，元宇宙技术已经为人类克服现有的军事斗争桎梏和意识形态竞技提供了一个技术平台，如果这一平台能够被合理地应用到社会变迁各领域，那么数据社会化

---

① 艾昀乐，戴小敏，钱澄 . 元宇宙嵌入体育课程思政教育的价值意蕴、实践展望与现实挑战 [J]. 体育世界，2023（9）：47-49.

理论的远期愿景将会很快实现，而人类今天所面临的诸多问题都将迎刃而解。[①]

3. 体育课程思政路径元宇宙理论

实践层面的东西大多会通过可操作性加以实现，如果体育元宇宙专家仅仅驻足于实践层面的东西而忽视了具体可操作层面的研究，那么这种元宇宙开发充其量只是技术的“万花筒”而已。体育课程思政路径元宇宙理论有两个重大的理论支点：一是元宇宙体育平台对体育课程思政本质的挑战。一般来说，元宇宙技术构建的体育环境属于“技术环境”，而人类活动的场域则属于“自然环境”，基于技术主导的环境必然会对人的生理结构和心理体验产生各种不可预知的负面作用，而传统思政的道德关怀、精神寄托、爱国主义情怀和社会规则意识将被“虚拟化”为元宇宙环境，由于“元宇宙中的一些内容涉及战争、政治等敏感领域，如果不加以严格的管控，那么学生可能会逼真地体验在其中，对其心理上也会产生刺激，影响学生对自我认知、行为规范，影响培养学生形成健康完备的人格”。[②] 由此来看，体育课程思政路径元宇宙理论得以被认可的基本逻辑前提是传统思政元素的元宇宙保留。二是元宇宙体育平台对体育课程思政数据安全的挑战。元宇宙体育平台的设计必然牵扯“身份验证”和“密码验证”等通行性按钮，在较为严格的区块密码学意义上，512 位的三重加密结构性算法旨在强调 26 个英文字母（大小写等效）、1—9 个最为基本的数字和数个特殊字符串之间的叠加顺序和组合概率问题，如果仅仅给予双重加密而不去关注密码和用户名的底层“结合”，这种算法的局限性也是显而易见的。基于此，体育课程思政元宇宙理论必须将用户的虚拟身份信息隐秘保存在底层服务器之中并保证不被各种外在因素加以边缘化；与此同时“自由开放”的元宇宙体育思政平台可能会使用户产生现实“平等”甚至“技术民主”的直观感觉，此时管理方要不断强化元宇宙伦理和元宇宙道德的“底线思维”，不能因为虚拟世界的认知而否定现实世界的物理存在和精神直觉。[③]

---

① 郭轶群，秦天浩，江礼磊，等. 体育元宇宙的内涵特征、多元价值及建构要素 [J]. 西安体育学院学报 ,2022,39(4)：403-409，416.

② 艾昀乐，戴小敏，钱澄. 元宇宙嵌入体育课程思政教育的价值意蕴、实践展望与现实挑战 [J]. 体育世界，2023（9）：47-49.

③ 郭江浩. 内涵、应用与展望：迈向“元宇宙”的在线体育教学研究 [J]. 河北体育学院学报 ,2023,37(1)：11-20.

二、区块云算法理论

区块链技术是第四次科技革命的前沿技术展示。一般来说，区块链技术并不是单一的“时间戳技术”的简单相加，而是有着一整套自我算法的技术集成，包括执行追溯技术、无痕浏览技术、逆向时间证明机制和多元加密技术等。近年来，随着电子计算机技术的不断演进，基于复杂交互式算法的区块链技术逐渐走进了我们的视野，融入社会生活。正如习近平总书记所指出的：“区块链技术应用已延伸到数字金融、物联网、智能制造、供应链管理、数字资产交易等多个领域。目前，全球主要国家都在加快布局区块链技术发展，我国在区块链领域拥有良好基础，我们要加快推动区块链技术和产业创新发展，积极推进区块链和经济社会融合发展。”[①] 区块链技术被广泛应用于电子政务领域、社会反腐领域、社保基金管理领域、医疗卫生监管领域、人性伦理领域、军事科技化领域、民生监管领域、哲学文化领域、电化教育教学领域、政府绩效评估领域、信息资源共享领域等，必将产生上述领域的革命性变革，其实用价值和实践效能不可估量，甚至可以说区块链技术代表着人类科技创新的“二次革命”。在新的历史条件下，认真研究区块链技术对体育现代化的促进作用对于强化体育院校人才培养模式的创新、对于体育产业应用性高科技人才队伍的建设都将具有十分重大的意义。在区块云算法的加持下，区块云算法理论逐渐成为体育现代化研究领域最为前沿的课题。总体来看，区块云算法理论主要包括以下几个理论要点。

---

① 习近平在中央政治局第 18 次集体学习会议上的讲话 . 把区块链作为核心技术自主创新重要突破口，加快推动区块链技术和产业创新发展 [EB/OL].2019-10-25.

（一）拜占庭协定

拜占庭协定（Byzantine agreement）[①]是建立在“恒星共识协议”（Stellar Consensus Protocol）[②]基础上的一种区块链算法。这种算法的主要特点是系统控制的分散性、整体信任的灵活性、信息延迟的低位性和渐进式存储的安全性。所谓“系统控制的分散性”是指在一个“去中心化”的系统里只要大多数人是“好人”，那么就不用担心系统的崩溃问题。也就是说分散控制可能比“集约控制”效率更高、效果更好；所谓“整体信任的灵活性”是指在一个计算机系统中，不用将任何信任都法律化进而导致信任失真，有时候灵活的弹性信任效率反而更高；所谓“信息延迟的低位性”是指在系统处于最危险的边缘时，信任延迟将自动设置在较低的水平，从而避免了数据流失的最大可能性；所谓“渐进式存储的安全性”是指当系统处于中止或者死机的状态下，存储机制会默认进行分段式数据存储，从而避免了因为各种意外而产生的数据流失。

（二）非对称加密

所谓“非对称加密”是指在区块加密过程中采用不同级别数字符合和不同密钥形成机制的一种底层数据库算法。从严格意义上讲，非对称加密是为了弥补对称性加密缺陷而设计的非结构型算法。一般来说，现代数字密码学已经完

---

① 该协议来源古代欧洲拜占庭帝国的存亡与兴衰故事。在一个拥有无数珍珠宝贝的拜占庭帝国里，存在着固若金汤的防守和坚不可破的卫士。由此而激起了周边各诸侯国的嫉妒和愤怒，于是有9个诸侯国（在该机制里边，9个诸侯国象征着1—9个数字，因为所有的计算机数据都可以最终还原成0和1叠加并构成九级分类）发誓要攻破拜占庭帝国的边界，但是如果任何一个周边诸侯国不能单独战胜拜占庭帝国且有且只有4个以上诸侯国团结一致才能取胜的话，那么共识机制就可能达成。

② 恒星共识协议是David Mazières教授于2015年提出的一种区块云算法理论。马泽而斯认为，浩瀚的宇宙有着无数的恒星，它们看起来好像不动，实际上却以极高的速度旋转着。尽管宇宙如此浩瀚缥缈，但是人类仍然可以借助哈勃太空望远镜对宇宙进行仔细甄别和精细观察。这就需要观察者在无形中形成一种“潜在信用”，即星系的划分和命名符合宇宙法则、新发现的恒星都可以被发现国优先命名和探索、地球产生于宇宙大爆炸或者黑洞撕裂等。这些无形的信任被微观宇宙界称为“恒星共识协议”。这一协议的价值在于数字货币的发行和运作必须建立在比特币的共识基础之上，如果比特币所有者有半数以上不支持该协议，那么比特币的恶意炒作风险将乘数增加。

全可以解决各种黑客组织对官方和非官方体育运动数据的“恶意攻击”和“刻意篡改”问题，因为在体育运动数据的区块加密中采用了“非对称的结构形态”。比如，1024位加密技术就是将各种字母数据和数字数据进行特异性的组合，进而产生一种新的密码形态。如果攻击产生在“特殊字符串”领域，那么这些字符串会携带“公钥和私钥转换机制”的信息，此时在公网上的所有用户都会受到系统攻击性信息，而此时管理员会很容易顺藤摸瓜找到攻击者并给以“数字警告”，而元宇宙系统也会就某些体育运动数据的外溢问题提出“预警”，从而通过双重加密保证体育数据的安全性和信息传播的流畅性。一般来说，公钥和私钥都会成对出现，如果消息使用公钥加密，那么需要该公钥对应的私钥才能解密；如果消息使用私钥加密，那么需要该私钥对应的公钥才能解密。非对称加密技术对于研究核心体育运动数据的保存和调取问题意义重大。

（三）容错机制

在荣誉数据学上，对于“数据错误”的界定始终存在着巨大的分歧。绝大多数计算机专家倾向于将系统错误概率还原为“自我瘫痪”的概率，由此可以得出极小的“数据出错”概率。但是随着元宇宙技术的快速发展，人类越来越发现“自我瘫痪”实际上只是成千上万种“外部条件输入错误”的一种表现形式。因此，容错机制便逐渐走进了科技专家的电脑，进入程序设计的核心关键领域。容错机制实际上也经常发生在体育运动数据的保存和截留领域，因此研究元宇宙技术赋能体育运动现代化的问题，必须紧密联系网络容错机制、系统黑屏概率、用户手动失误概率、单位主观故意出错概率、恶意网络攻击性数据差错概率等问题。基于此，元宇宙算法设计将为网络系统提供容错能力，这种容错能力同时包含对安全性和可用性的保证，并适用于任何跨际网络环境。也就是说，无论数据是通过丢失、损毁、延迟、重复发送、伪造或者停止工作等任何方式运行，元宇宙系统都会提供一种找回原始数据的能力，即逆向追溯能力。这也是在体育运动和各种体育赛事中经常使用元宇宙平台的重要原因。否则各种比赛的裁定就会因为没有“逆向追溯”而陷入无休无止的社会争议之中，从而迟滞体育事业的现代化进程。

（四）Paxos 算法

Paxos 算法也称“一般性算法”，是指系统会通过不同的区块链分支算法最终回归到初始状态的算法。也就是说“在一个分布式数据库系统中，如果各节点的初始状态一致，每个节点都执行相同的操作序列，那么他们最后能得到一个一致的状态”。Paxos 算法要求在任何形式的节点通信之中，无论是共享内存还是消息传递都必须在“一致性模型”的支撑下才能进行。如果不同用户采用不同路径进入系统则会得到了不同的传输数据信息，那么这个系统会因为缺乏一致性而陷入瘫痪。也就是说“条条大路通罗马”，但是基本的方向性不应该出现错误，否则逆行追求节点的一致性会“远离合法性系统”，进入计算“黑幕”状态。此时各种体育运动数据的流失将不可避免。

（五）共识机制

所谓“共识机制”是指基于工作量证明和权益证明的结构性区块链算法。比如在比特币的生成过程之中。必须把 PoW 看作重复使用的 Hashcash 才能生成工作量证明，一般来说，工作量越大生成的证明数据越多；反之越少。由于工作量生成机制在概率论上是随机的，所以一种新的加密货币的产生必须征得所有消费者的一致同意，也就是说这种权益证明必须是全体的而不能是部分的。如果矿工得到了区块中所有数据的 PoW 工作证明，那么元宇宙监控人员才能够开出“时间证明戳”，进而数字货币才能像“准货币”一样进行社会化的流通。尽管近年来数字货币被某些商家狭隘化为“游戏货币”，因此数字货币的诞生正在遇到极大的环境障碍，当然政府管理层面也存在对元宇宙技术赋能体育现代化事业的诸多误解和障碍，因此本书将“共识算法”列为研究本课题的必选技术形态。目的是通过共识机制尽量在 10 分钟内生成更优良的“区块算法”。

（六）分布式存储

所谓“分布式存储”是指将所有的网络数据进行分别保存的技术形式。比如将1000个鸡蛋分别存放在不同的篮子里，然后在不同的时间拿出使用。分布式存储技术的产生最初是源于数据的分散性和海量性，后来被计算机专家移植到网络存储领域，指出财产三分割投资理论可以借鉴到元宇宙体育数据存储领域。正如“狡兔三窟”的原理一样，将不同数据分别存放在不同电脑终端，实际上是一种最为廉价和安全的存储形态。当然对于电脑终端数据的调取权限问题，仍然需要“元宇宙服务器”的用户名和密码支持才行，否则如果任何用户都可以随意调取体育元宇宙平台的私密数据，那么体育元宇宙的发展就会步履维艰。

三、元区块链PYTHON理论

一般来说，体育元宇宙平台所使用的所有数据都是基于PYTHON语言开发的元区块链数据。所谓“元区块链”是指支配各种边缘区块链运行的核心区块链和一系列中央模块系统的总称。从程序设计的初衷来说，元区块链技术是目前全世界最为先进的智能区块链技术，这种技术的程序性特点是横向平行性和纵向同构性。一方面元区块链中的变量都是“引用型”变量（digest.），各变量在使用过程中会随着解释变量的改变而随机改变。另一方面各类解释变量在同构过程中会自动修改字符串，从而导致变量之间关系的随机性和代码弹性。一般来说“int.”表示初始程序准备、“complex.”表示复合数值转换、“float.”表示浮点运算、“str.”表示字符串类型、“unicode.”表示解码类型、“tuple.”表示复合序列、“list.”表示序列列表、“frozenset.”表示静止集合、“dict.”表示字典查询。总体来看，元区块链具有以下几个方面的特点。

（1）异构性。所谓“异构性”是指组成元区块链的基础程序所具有的字符串同型异义特点。比如，在Java或者C++中嵌入[a+1 for a in b]命令，那么回车后所得到的不过是“将所有包含在 b 中的 a 元素全部罗列出来”，而不是计算所有大于 a 的数列全部；与此同时异构性还体现在 PYTHON 程序之中，比如在 PYTHON 环境下嵌入［alabaster, “xxxxxx”］，回车后得到的并不是所有含有“alabaster”属性的字符串，而是含有所有“alabaster.”字符串的运算符和名为“xxxxxx.”的系列字符串。如果对所有含有［alabaster, “xxxxxx”］的字符串进行加减乘除运算，我们会发现系统会出现“崩溃”的状况。但是在某些情况下，单向［alabaster, “xxxxxx”］运算会大大提高电子计算效率。

（2）模块性。所谓“模块性”是指所有组成元区块链的程序都必须在特定的模块下进行运作，而不同的模块对应的恰恰是不同的数据和变量。因此，不同的语法会调动不同的元模块。比如我们要对某些条件逻辑进行赋值，可以调用“if-else.”语句或者“while.”语句；如果要对计算进程进行控制，可以输入“continue.”语句、“break.”语句“return.”语句、“pulse”语句，当然这些语句所调出的程序并不是各类数据搜索的准入机制或者用户自设代码，而是包含这些密码和用户信息的“模块”，这些模块是按照多元复合加密技术进行设计的且不是原始密码。由于元区块链具有了较高难度的解码规则，也就保证了使用元区块链的政府信息网络是目前为止最安全的网络技术。对于因为异构而“溢出”的数据，元区块链技术也设置了“异常捕获”和“同域声明”，其基本代码为“try-except/finally；raise”、“nonlocal or global”。

（3）闭包函数性。元区块链所使用的编辑函数是可以被无限调用的函数系列，比如在同一个闭包环内，可以采用的闭包函数包括如下几个级别（$\boldsymbol{B}(1)$—$\boldsymbol{B}(z)$）。闭包函数可以在关键字“def.”下得到。值得注意的是元区块链的闭包性并不代表整个边缘区块链的保守性，而且元区块链的程序运行也不是按照“块模式”进行的，这一点可能与传统的区块链技术大相径庭，甚至推翻了学术界关于区块链“模式”研究的方法论弊端，但是不可否认的是元区块链技术并不是所有区块的简单相加，也不是每一个区块都代表着一个特定的代码系列，而是说区块链技术的底层技术所具有的“闭包性”，即任何外在程序无法通过 public. 的链接进入元区块链内部，从而对程序进行叠加和修改。闭包性原理告诉我们，虽然“lambda.”是一个匿名函数，但是这并不表明隐蔽式信息传递可以逃过元区块链技术的跟踪和监督。

$$\boldsymbol{B}\ (1)=\sum_{n=1}^{x}(x_1^1+x_1^2+\cdots+x_1^n)+\sum_{\mathrm{m}=1}^{y}(y_1^1+y_1^2+\cdots+y_1^n)+\zeta_i^j$$

$$\boldsymbol{B}\ (2)=\sum_{n=1}^{x}(x_2^1+x_2^2+\cdots+x_2^n)+\sum_{\mathrm{m}=1}^{y}(y_2^1+y_2^2+\cdots+y_2^n)+\zeta_i^j$$

$$\boldsymbol{B}\ (z)=\sum_{n=1}^{z}(x_z^1+x_z^2+\cdots+x_z^n)+\sum_{\mathrm{m}=1}^{y}(y_z^1+y_z^2+\cdots+y_z^n)+\zeta_i^j$$

（4）对象映射。所谓“对象映射”是指根据不同的嵌入对象设置不同的程序代码的现象和过程。比如，在下面的对象属性框中嵌入相应的代码，必然得到“name”的属性值；而利用“__init__”方法可以得到“cat”的声音属性值“moo moo”；与此同时，输入 cat.splash 命令可以得到 cat 的性情特征值“polite”和活动特征“hustle.”（见图 2.1）。一一对应并不是元区块链的本质属性，而多元对应标志着各类反射函数的对数特征，比如 hasattr. 函数代表隶属度函数特征、getattr. 代表着可得性函数、setattx. 代表设置函数、delattr. 表示删除函数值特征。元区块链技术是研究元宇宙技术赋能体育现代化的必选技术形态，如果在体育元宇宙环境中没有异构性、闭环性和对象映射问题，那么元宇宙体育平台的设计就失去了传播学意义上的真正价值了。

```
1.Glass cat:                      8.cat = cat("ketty")
2.def__init__(self, name)         9.cat.splash = splash
3.self.name = name                10.cat.splash()
4.def chew(self, diet):           11.cat.polite = "hustle"
5.self.diet = diet                12.cat.name = "kitty"
6.def splash(self):               13.del cat.name
7.print "moo moo!"                14.print cat.name#error
```

图 2.1 对象映射函数值输出特征（基于 PYTHON 设计）

四、人工智能理论

元宇宙技术有且只有和人工智能技术密切结合起来，才能推动元宇宙体育现代化的快速发展，因此研究元宇宙技术赋能体育现代化的理论和实践问题必须首先明晰人工智能技术的变迁历程和显示特点。一部社会发展史实际上就是人类不断将自身的智慧物化为改造自然手段的历史。一方面人类不断利用自己的智慧创造出不胜枚举的实践工具；另一方面人类又不断利用人工智能技术将生存条件推向自己的对立面。这种被马克思称为“科技悖论”的逻辑正在延续着人类繁衍生息的自然生态过程和价值再造模式。给“人工智能”概念下定义一般有两种模式：一是描述性定义模式。在描述性定义模式下，定义者只是对人工智能概念的内在本质进行语义学上的阐释，定义过程不掺杂定义者的主观偏好和倾向性；二是控制性定义模式。所谓“控制性定义模式”是指在“人工智能”定义过程中渗透定义者的研究兴趣和主观偏好。本书主要研究人工智能区块链对生态治理现代化的作用和影响，因此必须采用描述性定义模式。在描述性定义环境下，如果将“人工智能”定义为“人类制造出来的器物所呈现出来的智能”，那么广义上的人工智能理论早在原始社会就已经出现了。原始人用石块取火的过程实际上就蕴含着人类最早的“人工智能化过程”，因为人类自身不会烧煮食物，但是借助于“钻木取火”技巧就可以将生食转换成“熟食”，从而推动了狩猎文化和农耕文明的进步。当然也有研究者认为，人工智能早在古埃及金字塔建造时期就已经非常发达，研究者列举了金字塔墓穴中发现的“史前文明图画”，并通过现代科技手段还原了当时利用人工智能计算金字塔高度、金字塔三塔之间的空间距离及金字塔的“外太空图像”等方面的技术。指出如果没有发达的计算手段，在文字欠发达的远古时期建造出如此辉煌浩大、如此精确并孕育无限谜团的超级建筑是不可想象的事情。

从整体性和宏观性的视角来看，我们今天被广泛研究和使用的所谓“人工智能技术”实际上就是祖先“器物文明”的现代性展示。只不过在古代表现为诸如四大发明、生产工具改进、播种技术改进、品种改良、战斗器具改善等方面的进步。就词源学意义上来说，“人工智能”概念最早出现在1956年达特茅斯（DARTMOUTH）年会的报告之中。此后英国数学家图灵（1957年）巧妙定义了“人工智能”概念、哲学家布尔（1958年）对人类智慧进行了数学描述、美籍俄裔数学家维纳（WIENER）在反馈理论方面作出了巨大贡献。赫伯特·西蒙提出了拓扑计算的树形结构问题。麦卡锡（1962年）第一次将人工智能技术提高到“数学革命”的高度。1964年，哲学家帕斯卡尔（PASICAL）利用粗糙的智能技术发明了10万次数值运算的机器，名为“手摇算模机”。此后，人工智能技术被广泛应用于自然语言处理和医疗诊断等多个领域。根据后续实证分析的需要和人工智能领域发展的最新进展，本书将“人工智能”（Artificial Intelligence，AI）定义为“用于拓展、延伸、模拟和再现人类智能的方法、技术、理论和应用系统的总称”。根据定义策略的不同，人工智能既可以指人造机器表现出来的人类智能，也可以指借助计算机技术模拟出来的人类智能。一般来说，人工智能理论主要应用于以下几大领域。

模式识别理论是人工智能的重要应用。所谓“模式识别”是指计算机能够有效识别物体的形体特征、外观轮廓和三维图像，并且在快速运算中找到最佳匹配路径，从而代替人脑识别的烦琐过程和高度不确定性的现象和过程。模式识别属于不确定性算法的研究领域，目前主要存在以下几大典型应用。

（1）图像识别。主要用于门卫人像识别系统、公司图像打卡系统、政府公务员图像门禁系统和国家重要安全领域三维图像识别系统。图像识别系统的主要缺陷是图像采集数据的最大上限“黑洞”和下限“红洞”，也就是说计算机会根据已经输入电脑中的既定数据采集进入“识别视域的各种图像”，包括人脸图像、人形图像、四肢图像、头部图像、步态和姿势图、商品外观图像等。就程序开发者来说，图像识别的底层数据库一般由以下几个部分组成，即图像面积数据、图像体积数据、图像五官数据、图像头发数据、图像眼球运动数据、图像牙齿数据、图像骨骼数据、图像肌肉数据等。比如，对于进入门禁系统的人像来说，电脑只对人像进行二级数据识别，但是不会对动物图像（如鸡、狗、马、驴、骡、羊、猪等）进行有效的识别。因为动物的眼球特征与人类的眼球特征存在运动生理学上的明显差异。这里实际上就提出了数据采集和存储的上限“黑洞”和下限“红洞”问题，也就是说只要将非人类动物，比如“外星人”

数据完整输入底层数据库中，电脑仍然可以根据速度优势识别出外星人是否到访过地球。所谓“黑洞”就是指数据采集源的有限性和数据存储技术的时滞性之间的链合困局问题；所谓“红洞”是指微观世界电子红外感应技术的广延性和微观粒子捕捉不可能性博弈的困局问题。如何突破上下限值已经成为人工智能领域专家学者孜孜以求的重要目标。

（2）语音识别。语音识别的主要原理来自物理学上的声学原理和粒子对撞机制。所谓“声波传输”是指地球上所有声音都是在不能突破“一个大气压环境”下的声波振动过程；所谓“粒子对撞机制”是指组成声波传输的物理载体在外力的推动下沿着不规则曲线向远处空间持续外溢和渗透的传播机制。在人类还没有弄清楚声音肇始的原初动力之前，所有的声音传输均遵循古典物理学上的“波粒二象性”原理。然而在超出了大气层范围之外的“外太空”或者宇宙太空之中，地球声音的传播并不完全遵守“波粒二象性”原理，也就是说假定在一个实验室真空中而且声音粒子的对撞并不能引起电磁辐射，那么我们可以设定如下四维空间声音传输过程：

$\sqrt{dx_1^2+dx_2^2+dx_3^2}=cdx_4$中 x_1,x_2,x_3,x_4 分别表示声音粒子的长度坐标、宽度坐标、高度坐标和时间坐标。c 为光速。显然在一个地球大气压范围之外，随着物体传播速度的变化，声音粒子会违背米勒的质能守恒原理①：

$$\sum_{\varepsilon\theta\mu}\frac{\partial}{\partial x_\varepsilon}\left(\sqrt{-g}\cdot\gamma_{\varepsilon\theta}\cdot g_{\sigma\mu}\cdot\frac{\partial\gamma_{\mu\nu}}{\partial x_\theta}\right)=k(T_{\sigma\nu}+t_{\sigma\nu})$$

和爱丁顿的电磁辐射方程②：

$$R_{ik}-\frac{1}{4}g_{ik}R=-T_{ik}$$

基于此，我们只能认定真空中的实验已经先验推翻了古典天体物理学上的广义相对论思想和狭义相对论假设，因为有些不能用实验设备和人类感官觉察

① 爱因斯坦文集（增补本）[C]. 徐良英，等编译 . 北京：商务印书馆，2009（2）：109.

② 爱因斯坦文集（增补本）[C]. 徐良英，等编译 . 北京：商务印书馆，2009（2）：329.

到的“超级量子团”可能主宰着地球和宇宙的未来。①客观来说，俄罗斯的“反重力实验”已经表明地球能量的释放可能存在着“无称重但却有质量的集约量子束”反重拉力的问题。如果真如上述假设所说的那样，那么我们在第四次科技革命浪潮顶峰所开发的智能区块链技术可能打开通往未知世界的大门。

（3）指纹识别。所谓“指纹识别系统”是指借助于各种电脑辅助和数据运算来实现人类身份信息准入的机制和理念的总称。指纹识别系统最早由英国莱斯特大学（Leicester）DNA 遗传算法研究中心集体提出。严格意义上来说，指纹识别技术属于上面“图像识别”技术的一个门类，但是显然指纹识别与一般的图像采集系统是存在明显区别的。比如，指纹数据采集仅仅局限在人类的指纹四维结构，并没有延伸到其他非人类个体之间，而且指纹识别的安全保证意义和实名信息采集意义更加凸显。指纹识别系统主要应用于需要高度保密的地方比如金融安全部门、军事安全部门和外交安全部门，除此之外对于较大规模人群的身份鉴别问题往往也采用指纹识别机制，尤其是对于城市公共部门的管理来说，指纹识别的安全意义非常突出。一般来说，指纹识别设备主要有三种介质即光学指纹采集设备、硅芯片指纹采集设备和超声波指纹采集设备三种。所谓“光学指纹采集设备”是指利用光学成像的基本原理将人的指纹进行“凸凹”表层的数据成像，对于指纹凸起的指纹部分采用高像素表达模式、对于凹进的指纹部分采用低像素表达模式。在进行光学摄像的过程中，还要对目标物象的光学可表达性进行深入的研究，比如对于黑色人种指纹的成像、对于棕色人种的指纹成像、对于白色人种的指纹成像都应该采取与黄色人种指纹成像不同的数据点采集模式；所谓硅芯片指纹采集模式是指将指纹凸凹部分的辐射值与硅片元素的外在辐射值结合起来，对于凸起的指纹部分和弯曲的指纹部分的辐射值采取高辐射记录方式、反之对于凹进去的指纹部分要采取低辐射值记录模式。当指纹数据被深深嵌入物理硅片上之后，后续的区块链技术将很难对这

① 这些超级量子团曾经被爱因斯坦称之为“爱”。晚年爱因斯坦在给他女儿的信中指出：宇宙中有一种比相对论更有价值的力量，它主宰着宇宙的一切、统领着宇宙的演化。这种比单独存在的量子更具价值的力量就是“爱”。爱因斯坦还用质能方程表达了“爱”的力量，即$E = mc^2$。也就是说爱的力量等于“示爱体质量”与光速平方的乘积。爱因斯坦反复强调，“爱力”不仅能够拯救地球的未来，而且可以解开宇宙万物之谜包括外星生命和 UFO 之谜等。

些数据进行修改和篡改，因此具有更高的安全系数；所谓“超声波指纹采集模式”是指将扫波仪器对准指纹进行扫描，计算机会根据扫描的数据采集被扫描者的指纹凸凹和排列信息，一般包括指纹宽度信息、指纹高度信息、指纹长度信息、指纹密度信息、指纹硬度信息、指纹排列信息、指纹高低差值信息、指纹点配比信息等。一般来说，光学扫描的精度更大，准确度和安全性更好。当然所有上述指纹识别系统都是由人操作和控制的系统，都存在着或多或少的安全漏洞和实用弊端。在指纹识别系统中，对于指纹图像的预处理直接关系到指纹匹配的精准度和唯一性，其基本的逻辑过程如图 2.2 所示。

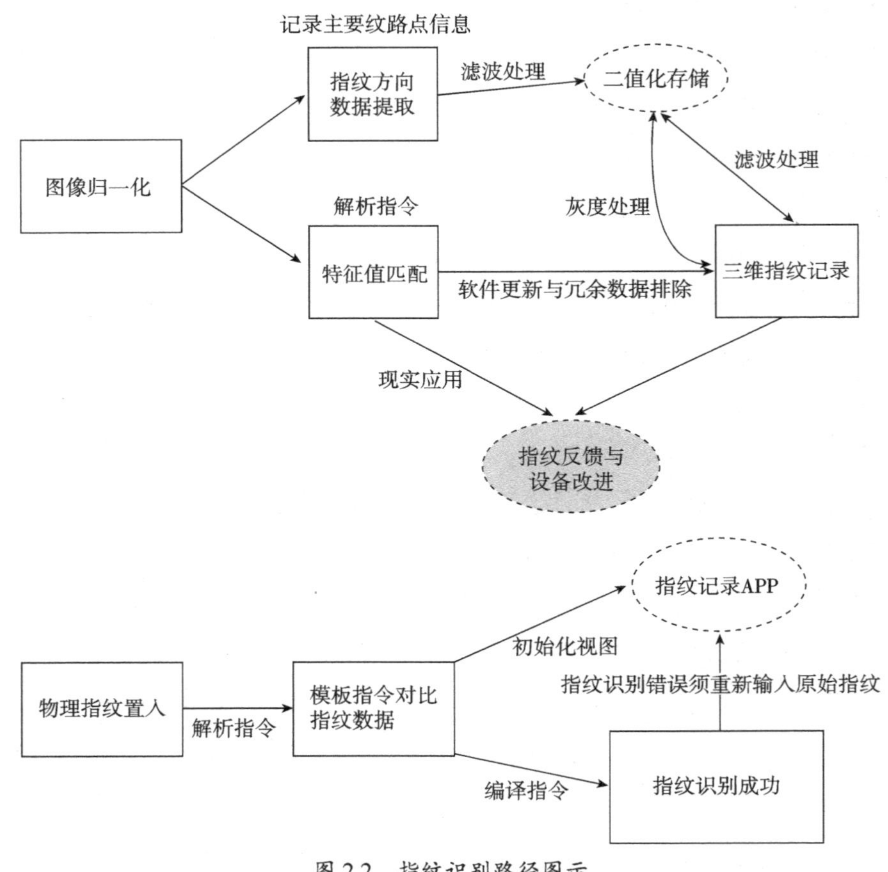

图 2.2　指纹识别路径图示

指纹识别的一般方法是先在两幅图像中采集一定的特征点，然后根据特征点进行点匹配，这就是被广泛使用的“点匹配识别法”。世界上没有两个完全相同的指纹，因此每一个人的指纹都记录着身份者的特定生命信息和基因信息。基于此，美国哥伦比亚大学的专家团队指出要慎重使用指纹识别系统，因为一旦一个国家所有的公民指纹都被采集完毕，那么所有个体的基因信息和身份信息可能面临着“元区块链技术”层面的泄密问题。而且一旦出现大规模泄漏将导致社会稳定系数的下降，其后果不堪设想。

（4）情感识别。2018 年在北京国际网络安全信息博览会上，中威电子和纽洛斯人工智能协会联合推出的情感人工智能技术引起了与会国际专家的高度重视。情感人工智能可以应用于老年人情感陪伴、医疗情感疏导、个人性格健康、心理抑郁疏导和情感教育与培训等诸多领域，对于时下国人最为关心的居家养老问题、感情陪伴问题、情感寄托问题、个体压抑问题、医疗保障问题、婚丧嫁娶问题等都具有一定的实用价值（见图 2.3）。所谓“情感识别技术”就是指

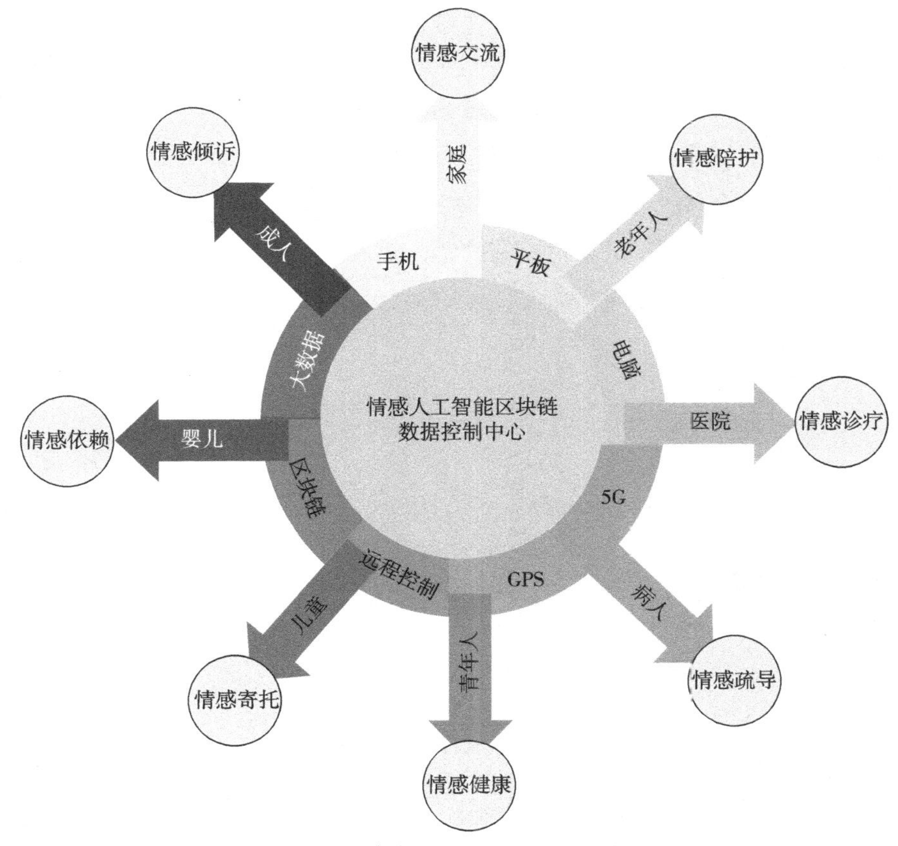

图 2.3　情感智能区块链控制模式

根据人类在喜怒哀乐情绪表达时的血液流动速度信息、血型成像信息、血液态分布信息、血液压力信息、血液能量信息、血头位置信息[①]等来确定人的情感需求时间、情感需求强度、情感需求次数、情感需求地点、情感需求生理周期等的人工智能区块链技术。血谱光学成像（TOI）技术和情感人工智能引擎（DeepAffex）是情感识别技术的生理学基础和区块链技术基础，基于人面部皮下血流棕色色素和红色血红蛋白活动相关性是确定情感需求的关键要素。其基本的流程是通过记录被观测者的生物学信息对于人类情感需求做出各种智能化反映。值得一提的是，当机器收集的情感信息足够强大的时候，情感机器人可以根据人类的复杂需求进行算法转换，从而真正实现情感的替代和人类生命质量的提升。

自然语言处理理论，所谓“自然语言”实际上就是指我们日常生活中使用的能够促进人与人之间进行准确信息交换的语言。而“自然语言处理”（Natural Language Processing，NLP）是指认知、开发、构建能够理解人类自然语言的程序或服务的过程和结果的总称。自然语言处理涉及语言学、计算机科学和数学等学科，是人工智能（AI）领域研究的核心和主导方向。经典的自然语言处理技术为“数据稀疏和平滑技术”，又称拉普拉斯定理。其基本的运作思路是：降低已出现“某一项目”的条件概率分布，使未出现的“某一项目”的条件概率分布为非零，且经数据平滑后保证概率和为 1。具体过程以 bigram 为例说明如下：[②]

$$MLE(estamation): P_{MLE}(x_i|x_{i-1}) = \frac{w(x_{i-1}, x_i)}{w(x_{i-1})}$$

$$ADD-1(estamation): P_{ADD-1}(x_i|x_{i-1}) = \frac{w(x_{i-1}, x_i)+1}{w(x_{i-1})+V}$$

w 为词语出现的频率；V 为所有 *bigram* 的个数。在此基础上，我们可以得到词频为 w 的“某一项目”的频率为：

① 十二时辰气血流注歌“寅时气血注于肺。卯时大肠辰时胃。巳脾午心未小肠。膀胱申注酉肾注。戌时包络亥三焦。子胆丑肝各定位”，原出自《黄帝内经》。

② 参见 fengbingchun 的博客 [EB/DL].2015-12-12.https://blog.csdn.net/fengbingchun/article/details/50274471.

$$P_{GOOD-TURING}(y:w(y)=r)=\frac{r^{\oplus}}{N}$$

无论是加一技术还是良性调整技术都存在着事件发生概率上的区别，基于此，必须在低端项目模型和高端项目模型之间进行线性插值。基本原理是：

$$P(x_n|x_{n-1}x_{n-2})=\rho_1 P(x_n|x_{n-1}x_{n-2})+\rho_2 P(x_n|x_{n-1})+\rho_2 P(x_n)$$

其中，$\sum_i \rho_i=1$。根据上下文素材要求的扩张方式为：

$$P（x_n|x_{n-2}x_{n-1}）=\rho_1(x_{n-2}^{n-1})P（x_n|x_{n-2}x_{n-1}）$$
$$+\rho_2(x_{n-2}^{n-1})P（x_n|x_{n-1}）+\rho_1(x_{n-2}^{n-1})P（x_n）$$

在信息检索（information retrieval）过程中，TF-IDF 是一个包含特定权重的模型，某一个词语在语料库中的重要性可以用如下函数表示：

$$x_{i,j}=tf_{i,j}\cdot\log(\frac{N}{df_i})$$

其中：

$$tf_{ij}=numberofoccurrenceof'i'in'j'$$
$$df_i=numberofdocumentscontaining'i'$$
$$N=tota\ln umberofdocuments$$

一般来说，自然语言处理包括以下几大开源自然语言处理库：

Natural language toolkit (NLTK)

Apache OpenNLP

Stanford NLP suite

Gate NLP library

其中自然语言工具包 (NLTK) 是最受欢迎的自然语言处理库 (NLP)，它是用 Python 语言编写的，背后有着非常强大的中介组织和社区支持，适用范围极广。在 Python 语言中，首先检查处理系统是否安装了 Python Tokenize，对于没有安装 html5lib 计算机要预先准备好安装窗口，其次利用 Python 编码将插件安装进来；对于哪些停用词应该删除、哪些高频词应该设置标准都应该在程序中体现出来。否则电子计算机将不会识别没有转码的汉字和转码错误的字母、阿拉伯数字等。一个典型的自然语言训练器一般包括训练和预测两个部分（见图 2.4）

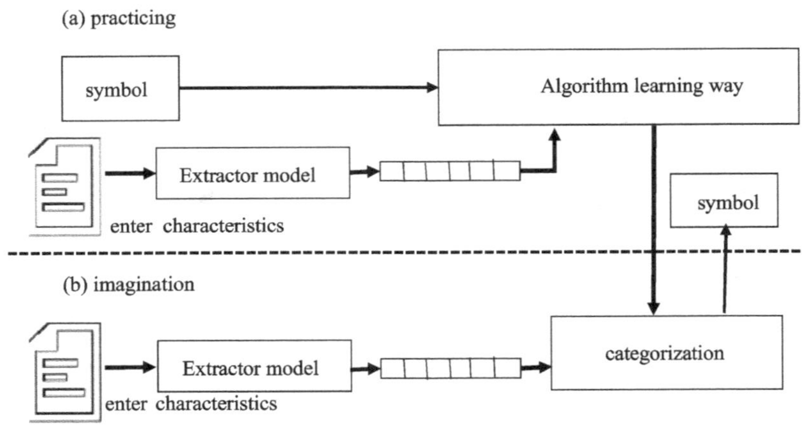

图 2.4　典型自然语言训练器类型

（底图采集源：fengbingchun 的博客 [EB/DL].2015-12-12.https：//blog.csdn.net/fengbingchun/article/details/50274471.）

自然语言理解（NLU）和自然语言生成（NLG）两个方面的阶段。顶层任务规划如图 2.5 所示。其中穷举法、集合论和图论是自然语言处理的重要方法，这些方法在体育比赛数据的分发和传递过程中用途很广。比如，对所有参与足球比赛球队队员身体信息的计量就需要这些方法，在统计过程中既不能采用无穷级数原理，又不能采用有限抽样方法。此时最佳的计量方法就是集合法和图样分析法。再比如，最大熵模型、条件随机场模型和马尔科夫模型都是体育语言数据传输和识别的重要方法，最大熵模型解决了体育运动数据保存的最大可

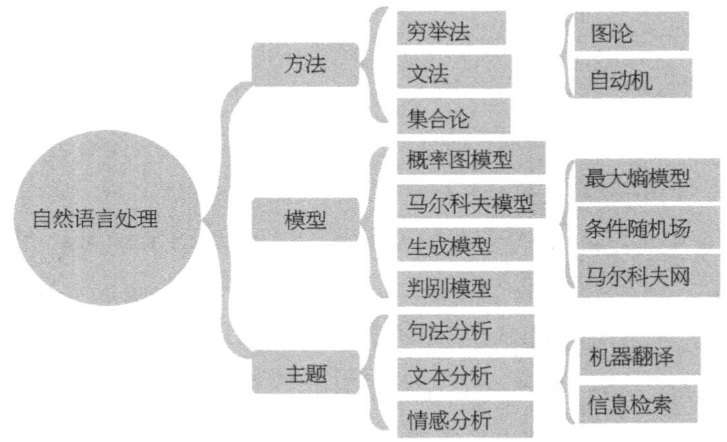

图 2.5　NLP 知识结构与顶层规划

接受边界问题；条件随机场模型解决了体育运动数据随机数据的出仓条件和调取权限问题；马尔科夫模型实际上是一种“最大最小化数据”存储模型，解决了体育运动数据调取的最大资源存量问题和最小存储性风险问题。如果“机器翻译”和“信息检索”引擎没有出现较大容错概率的话，那么自然语言知识结构和顶层规划就必须加以尽快改变。

五、体育现代化理论

在评价现代化理论的前景方面一般存在着两种学说。一种是以西方世界的科技、经济基础、文化氛围和军事斗争作为非西方国家现代化的普遍标准和前景模式。这种模式过分强调西方科学技术的进步和制度设计优点，轻视或者说弱化了西方文化的变迁背景和意识形态差异。另一种是以多元文化发展为核心展开现代化理论的研究。强调现代化不应该是“西方化”或者说是“单极化”，而应该是多样化或者说是“多极化”。这种模式强调了人类意识形态和思想变迁的姹紫嫣红属性，相对弱化了经济发展水平和物质基础标准。在当今科学技术快速发展的新时代，将现代化理论应用于体育科技和体育事业的变迁和发展过程，可以发现体育现代化理论包括体育产业现代化理论、体育管理现代化理论、体育信息现代化理论、体育文化现代化理论、体育军事现代化理论、竞技体育现代化理论、群众体育现代化理论和休闲体育现代化理论等方面的内容。本书讨论元宇宙技术赋能体育现代化的理论和现实问题，因此必须以体育现代化理论为主要支撑理论。

（一）“体育人”现代化理论

自古希腊体育运动被正式界定为官方赛事以来，人类关于体育运动现代化的讨论就一直没有停止过。亚里士多德和柏拉图一直将群众体育看作是“政治国家”的重要民主标准，而政治理想主义者则将“平民运动”看作是共和政体的重要标准，强调没有普通平民的参与就没有社会化体育发展的根本基础。维特根斯坦更是将奥林匹克体育运动看作“政治哲学”的首要评价标准，而叔本华和尼采则是在“权力意志”的绝对演化中探索体育信息和体育产业的内在关联。拉美特利和爱尔维修则大谈“体育审美”的价值标准和生理学意义，指出“人世间没有什么运动能像竞技体育那样展现出强烈人性妥协之美和博弈之美”。在中世纪漫长的体育哲学化讨论语境下，“体育现代化”被牵强附会成“上帝造物”的“施舍和怜悯”。

阿奎那在《神学大全》中将体育竞技看成“上帝掷骰子”时的“偶然性失误”，强调体育活动在锻炼人的身体素质的同时锤炼了人的“心理信仰力量”。但是古往今来的体育现代化理论似乎缺失了一个更为重要的评价标准即“人性体育”标准。

“体育人”现代化理论强调所有的体育竞技本质上都是“锤炼人性”的活动。尽管任何体育运动都要在结果上体现出过程的公平性，但是即便再完美的结果都不可避免地会被后起的竞技水平所打破，因此体育竞技结果的相对性和不确定性就应运而生。既然人们都在不可预知的“跑道”上追逐着虚无缥缈的“比赛结果”，那么对于人性的把握就显得极为重要了。正如英格尔斯在《人的现代化》一书中所指出的：“人的现代化是国家现代化不可缺少的因素。它不是现代化过程的副产品，而是现代化制度与经济赖以长期发展并取得成功的前提条件。”[①] 这就告诉我们，没有人性的善良和美好的内心就不可能有稳定的体育赛事，也就不可能产生稳态的竞技过程，而对结果不公平的过分争议往往意味着对体育规则的“不良偏好”。从世界各国体育活动的实践经历来看，所有体育运动灾祸的发生、所有体育犯罪事件的出现、所有体育腐败案例的增多、所有体育不公平待遇的产生等都与“人性善恶”紧密相连。也就是说“如果一个国家的人民缺乏一种能赋予这些制度以真实生命力的广泛的现代心理基础，如果执行和运用着这些现代制度的人，自身还没有从心理、思想、态度和行为方式上都经历一个向现代化的转变，失败和畸形发展的悲惨结局是不可避免的。再完美的现代制度和管理方式，再先进的技术工艺，也会在一群传统者的手中变

① ［美］英格尔斯．人的现代化 [M]. 殷陆君，译．成都：四川人民出版社，1985.

成废纸一堆”。①

关于体育活动的人性之美，著名审美体育学家桑托斯特曾经指出：“如果一个国家里执行管理的人和掌握科学技术的人还不是一个‘现代审美人’，那么他们是没有办法让他们国家的体育活动转向‘现代体育’的。”②也就是说，体育科技的非凡之美绝对不是那些“纯粹体育爱好者”所能够理解和生发的。没有现代人的体育精神和体育审美就不可能有现代社会的体育竞技，尽管有些国家的体育项目出现了较大的比赛优势，但是这些优势必然会因为“人性评价”的多元化而失去审美价值，从而使陶冶人性的体育竞技变成了折磨人类的“获利机器”。当利益驱动驾驭了审美驱动之后，轰轰烈烈的体育运动会有时会变成各方资本势力竞技的“庸俗市场”，人们不停地举着牌子明码标价，从中获得感官快乐和理性刺激，进而让运动员变成动物性表演的“木偶”或者“道具”。所以说，体育现代化必须或者说首先是人的现代化。当然这种现代化并不是纯粹的西方化也不是纯粹的东方化，而是融入了文化多样化之后的人性多样化和道德化。

（二）体育现代化评价理论

关于体育现代化评价标准问题，主要有三种评价模式即政府主导型体育现代化评价标准、市场主导型体育现代化评价标准和政府—市场交互型体育现代化评价标准。根据现代社会体育现代化的基本评价标准，体育科技现代化、体育传媒现代化、体育信息现代化、体育管理现代化和体育竞技现代化已经成为当今世界衡量体育活动的五大核心标准。③由此来看，体育现代化理论必将成为本书研究的主要支撑性理论。

1. 体育现代化评价理论的思想支点

绝大多数体育现代化研究学者侧重于将“后现代化体育运动标准”“新世纪

---

① ［美］英格尔斯．人的现代化 [M]. 殷陆君译．成都：四川人民出版社，1985.

② ［希腊］桑托斯特．体育人的审美与人的体育审美 [M]. 梁毅，等译．巴黎：法国体育出版公司，1966.

③ 余道明，周登嵩．体育现代化测度指标体系理论研究述评 [J]. 西安体育学院学报，2008（3）：24-27.

体育运动创新标准”“体育运动生态学评价指标”“继续现代化评价指标体系”“二次现代化评价指标体系”作为评价当今世界体育现代化的重要标准，由此而酿生了体育现代化评价理论的几大思想支点，即后现代化体育理论、新世纪体育现代化理论、生态体育现代化理论、可持续现代化体育理论、再现代化体育理论。这些理论都在强调现代化的人文取向和价值标准，都在逐步弱化体育竞技的“较力”属性和评价结果属性，具备了强烈的人性关怀特质和体育伦理标准，因此成为本书研究的重大理论基础。事实上离开了后现代主义的“人”的存在、离开了体育运动的“生态补偿”价值、离开了新时代体育的“友好合作”属性、离开了体育竞技的民主平等规则、离开了竞技体育的让步和妥协本体，任何所谓的体育现代化都只不过是残酷文化的现代化、破坏环境的现代化、恶化人性的现代化、消极堕落的现代化和分崩离析的现代化而已。

2. 关于体育科技现代化评价指标体系构建的研究

目前，绝大多数体育现代化学者将评价指标体系建设分为 3 个一级评价指标体系、8 个二级评价指标体系和 32 个三级评价指标体系。其中将体育运动网络化水平、体育活动信息化水平、体育传播媒介化水平作为体育科技现代化的 3 个一级评价指标体系。在“体育运动网络化”中又将“体育运动场地建设网络化”“体育运动规则网络化”“体育运动时间选择网络化”“体育运动参与者信息网络化”“体育运动裁判信息网络化”“体育运动国际交流网络化”“体育运动视频播放网络化”和“体育运动表演网络化”作为 8 个二级评价指标体系。在时间网络化里边又分成 4 个三级指标体系，即“休闲体育运动时间网络化”“群众体育运动时间网络化”“民间体育运动时间网络化”和“管办体育运动时间网络化”，依此类推。显然随着体育科技事业如火如荼地发展，体育科技现代化已经走进了百姓生活，融入泛媒体传播的各个领域。当然国外尤其是西方国家的“体育科技现代化”评价指标体系与中国体育科技现代化评价指标体系还是存在明显区别的。比如，美国体育科技界甚至将“每年度体育科技机器人比赛”作为体育科技现代化评价指标体系，并强调人工智能技术、5D 技术和 6D 技术的研发必将推动体育元宇宙技术突飞猛进地发展，只有当人们意识到甚至在体育实践中采用了最为先进的元宇宙技术才能为体育科技事业的发展尽绵薄之力。

第三章

元宇宙赋能体育现代化的作用机理

体育现代化本质上是建立在体育产业现代化发展基础之上的行业经济和社会变迁模式，没有体育产业的利润支撑和物质支持，体育现代化不仅很难实现而且还可能沦为“体育乌托邦”式的空想。本章以元宇宙技术在高碳产业生态治理中的作用为依托，选取中国31个省级行政区域4100份样本数据，在相关实证分析和模型构建的基础上，研究了元宇宙技术作用于体育现代化的深层机理和内在机制，以期为后续的研究奠定实证基础。根据《国际低碳经济研究中心》(2010)和《中国国际低碳企业管理委员会》(2011)制定的碳排放标准，涉及体育产业的火电、冶金、石化、交通、建筑、化工等能耗较高、环境污染较重的产业被界定为“体育高碳产业”，而涉及体育产业的农业绿色蔬菜种植、农村生态园区、原生态食品生产、风能、水能、太阳能、原子能、新能源汽车、电动车、自行车和绿色包装业等碳排放相对较低的产业被界定为“体育低碳产业”。体育产业的发展离不开钢铁冶金、石化交通、建筑材料、产业服务等行业的支撑，同样很多体育产业已经涉及了“低碳环保”等变迁领域。元宇宙技术是21世纪初期被广泛开发和使用的电子计算机技术，其代表着第四次科技革命的最前沿技术。关于元宇宙技术助推体育高碳产业生态治理的问题，国内外学术界进行了初步的研究，绝大多数学者认为元宇宙技术能够有效推动体育高碳产业的生态治理，也有一部分学者认为元宇宙技术对体育高碳产业生态治理的影响极为有限。本课题结合国内外学术界的研究成果，构建了全新的元宇宙技术数理模型，指出元宇宙技术对于体育高碳产业生态治理呈现出差异化特点。

一、元宇宙技术对体育高碳产业生态治理影响的理论分析

技术是促进经济发展的一种手段，而体育高碳产业生态治理则是体育经济演化的一种过程和结果，属于价值理性和实践理性的考量范畴。在国家大力提倡生态治理现代化的背景下，研究元宇宙技术推动体育高碳产业生态治理的效度和强度问题，不仅具有理论价值而且具有现实意义。世界各国大力推动生态环境保护和可持续发展技术研发的事实足以说明，高度发达的元宇宙技术必将成为体育产业生态环境优化的重要选择。

（一）理论分析

从理论演化的进程来看，元宇宙理论的发展已经超出了“技术”本身的变迁范畴，进入多元协同治理的新阶段。根据元宇宙技术推动体育高碳产业生态治理的宏观逻辑图式（见图 3.1）。生态和谐、生态民主、生态法治、生态军事、

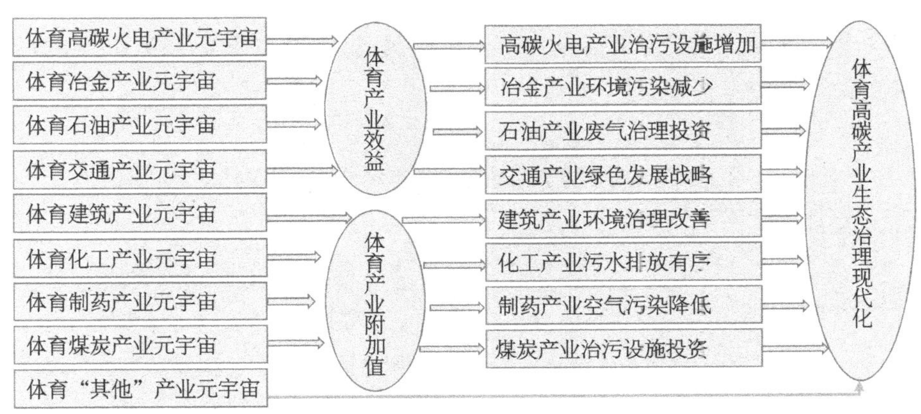

图 3.1　元宇宙技术推动体育高碳产业生态治理的宏观逻辑图式

生态文化、生态科技、生态审计、生态德育等均是服从和服务于企业生态治理的边缘制度安排和社会意识形态，都必须通过体育高碳企业生态治理理念的提升和生态责任感的加强才能提高国家生态治理现代化的总体水平。如果离开了体育高碳企业环保意识的增强和生态补偿技术的进步，那么生态治理现代化问题可能沦为社会各界茶余饭后的谈资。

（二）前提假设

理论演绎并不能代替产业实践。研究元宇宙技术助推体育高碳产业生态治理的强度和作用问题必须通过实证分析加以实现。基于此，本书作如下假设，即建立在元宇宙基础之上的体育高碳火电、冶金、石油、交通、建筑、化工、制药、煤炭和“其他”产业自动化设施和自动化技术能够有效推动体育高碳产业生态治理的水平。

二、元宇宙技术对体育高碳产业生态治理影响的实证分析

为了客观分析“元宇宙技术对体育高碳产业生态治理”的推动作用，本书选择了 9 个核心“解释变量”，3 个“被解释变量”和 8 个控制变量。各变量名称及定义策略如表 3.1 所示。

表 3.1　元宇宙技术影响体育高碳产业生态治理的变量选择及定义策略

变量标志	变量名称	变量定义
Ecology index	体育高碳产业自然环境人性化指数	衡量体育高碳产业生态治理总体水平的指数，最大值为 1；不可以为负值
Ecology effective	体育高碳产业生态治理效度	衡量体育高碳产业生态治理综合效益的指数，最大值为 1；可以为负值

续表

变量标志	变量名称	变量定义
Ecology contribution	体育高碳产业生态治理社会贡献度	衡量体育高碳产业生态治理社会贡献度指标，最大值为 1；可以为负值
Fire electric	涉及体育火电企业元宇宙技术应用水平	涉及体育火电企业元宇宙技术投资额度占全部企业资产的比重，%
Steel make	涉及体育冶金企业元宇宙技术应用水平	涉及体育冶金企业元宇宙技术投资额度占全部企业资产的比重，%
Oil production	涉及体育石油企业元宇宙技术应用水平	涉及体育石油企业元宇宙技术投资额度占全部企业资产的比重，%
Traffic	涉及体育交通企业元宇宙技术应用水平	涉及体育交通企业元宇宙技术投资额度占全部企业资产的比重，%
Building firm	涉及体育建筑企业元宇宙技术应用水平	涉及体育建筑企业元宇宙技术投资额度占全部企业资产的比重，%
Chemical factory	涉及体育化工企业元宇宙技术应用水平	涉及体育化工企业元宇宙技术投资额度占全部企业资产的比重，%
Pharmaceutic company	涉及体育制药企业元宇宙技术应用水平	涉及体育制药企业元宇宙技术投资额度占全部企业资产的比重，%
Coal production	涉及体育煤炭企业元宇宙技术应用水平	涉及体育煤炭企业元宇宙技术投资额度占全部企业资产的比重，%
Others factory	其他体育高碳企业元宇宙技术应用水平	其他体育高碳企业元宇宙技术投资额度占全部企业资产的比重，%
Culture（control）	体育高碳企业技术文化氛围	体育高碳企业员工教育证书数量，100 件 / 年
cultivation（control）	体育高碳企业技能培训理念	体育高碳企业定期举办技术培训的次数，百次 / 年
creativity（control）	体育高碳企业科技创新意识	体育高碳企业科技专利申请获批量，百件 / 年
management（control）	体育高碳企业科技管理战略	体育高碳企业科技管理会议举办数量，次 / 年
desire（control）	体育高碳企业职工生态愿景	调查问卷中回答“绿水青山就是金山银山”的“肯定”比例，%
party（control）	体育高碳企业技术性党员数量	体育高碳企业技术骨干中党员占比，%
territory（control）	区域控制变量	衡量省份差异性的变量，从北京到西藏共分为 1—31 级

（一）被解释变量说明

本节首先根据“山楼定律”对这三个被解释变量的权重分配进行了调整。所谓“山楼定律”是指“楼房建设逐渐突破高度限制但是却永远无法超越山脉高度”的规律。“山楼定律”由瑞士气候经济学家尚德尔斯首先提出，尚德尔斯指出：“人类的欲望总是不断尝试突破已有的局限，这是人性竞争力的源泉，也是欲望不可控制原理的肇始之所。在较为低调的数理经济学意义上，所有关于愿望程度的分析都或多或少具有主观臆想的成分，因为人类的愿望是不可能由数字加以精准计量的。我们之所以采用喜马拉雅山高程线、乞力马扎罗山高程线和楼宇高程线进行权重配置的可视化参考，在一定意义上是为了形象化各种愿望的最大可能性边界。”①然而令尚德尔斯没有想到的是，他所创立的“山楼定律”已经被众多学者移植到社会科学的各个领域，并成为分析指标权重的重要数理模型（见图3.2）。根据“山楼定律”的基本数据配置原理，我们将“体育高碳产业自然环境人性化”指标的权重定义为“10000”，而将“体育高碳产业生态治理效度”指标的权重定义为“8000”，将“体育高碳产业生态社会贡献度”指标权重定义为“2000”。之所以按照“2000”的边界设定指标权重，就是因为在stata软件中，通过PYTHON编程可以将所有的被解释变量数据转化为桥接代码，并且快速计算各解释变量作用于被解释变量的效度，设定“2000—8000—10000”的刻度比例也是本研究的客观需求使然。因为本课题的主导思想是研究“元宇宙技术对体育高碳产业生态治理”的影响，因此各个元宇宙必须通过桥接代码才能联接到“体育高碳产业生态治理效度”“体育高碳产业自然环境人性化”和“体育高碳产业生态社会贡献度”变量数据库，进而实现“相关性碰撞”、得出合理的估计系数。由于生态治理是本书最重要的关键词，也是本模型实证分析的逻辑起点和最终归宿点，所以“体育高碳产业自然环境人性化” $naturalpersonization_i^m$ 的权重应该是最高的，其后依次是“体育高碳产业生态治理效度” $ecologyefficiency_i^m$ 和“体育高碳产业生态社会

① HDDE.A.SHANGDERERS.buidings,mountains and mathmetics in economic analysis[J].swiss paper，2009（1）：22.

贡献度” $socialcontribution_i^m$。在此基础上，我们认为体育高碳产业生态治理 $GROSS_{ECOLOGY}^{MODRENIZATION}$ 总权重公式为：

$$GROSS_{ECOLOGY}^{MODRENIZATION}=\frac{10000\sum_{i=1}^{W}naturalpersonization_i^m+8000\sum_{i=1}^{W}ecologyefficiency_i^m+2000\sum_{i=1}^{W}socialcontribution_i^m}{30000}$$

其中 W 为专家数量，m 为具体评价指标。30000 为“万类”总权重值。$GROSS_{ECOLOGY}^{MODRENIZATION}$ 表示体育高碳产业生态治理整体水平，介于 0 和 1 之间。该值越大说明该区域体育高碳产业生态治理水平越高；反之越低。该评价值不能为负数（见图 3.2）。

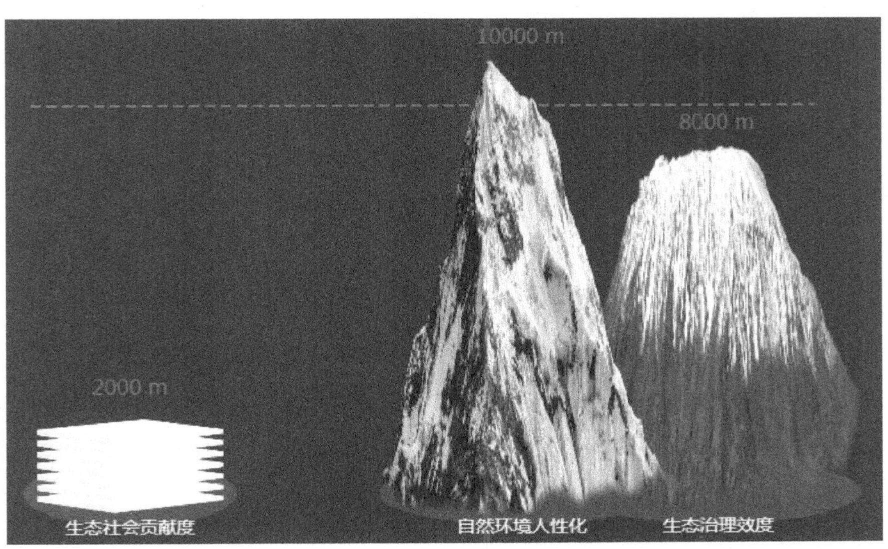

图 3.2　三大被解释变量权重分配的山楼定律

（二）解释变量说明

1. 元宇宙技术在涉及体育火电企业的应用说明

对于火电企业来说，元宇宙技术已经得到了普遍应用。比如，火力发电设备智能化检修技术可以在不接触高温环境的前提下，利用电脑元宇宙技术对火力发电机组进行全方位的检测，一旦发现发电机电阻、电容或者线路故障会第一时间报警，有些国有大型火电企业甚至可以在不影响电力供应的前提下修复故障设备。这种高度智能化的电力设备维修技术以电子元宇宙技术作为底层支撑，不仅节省了人工成本和碳能量消耗，而且对于火电企业环境污染问题的治理起到了巨大的推动作用。除此之外，各种配电板智能化监测技术、火力发电机远程遥控检测设备、火力发电企业机智能化人力资源管理技术、航空母舰火力发电机整体电能节约技术、火力发电厂排放物智能化回收技术等均是建立在电子计算机元宇宙技术之上的智能化技术，这些技术的应用不仅节约了企业成本，而且提高了火力发电厂环境污染治理的整体水平，其生态效益明显。

2. 元宇宙技术在涉及体育冶炼企业的应用说明

对于冶炼企业来说，元宇宙技术也已经得到了广泛应用。比如，智能化钢铁出炉自动化程序就是利用了元宇宙技术的“去中心化”特点，将参与钢铁冶炼的所有要素进行了整合，包括钢铁入炉温度设计、出炉温度监控、冶炼过程温度设计、钢铁纯度设计、钢铁锻造工程规划、钢铁浸水时间差设计、钢铁成型设计、钢铁装运设计、钢铁仓储程序等。所有这些工序都是在自动化机器人的协助下，利用元宇宙技术加以独立完成的。之所以说钢铁冶炼必须使用“去中心化”设计就是因为这一产业行为具有极大的条件制约性，如果牵扯太多的外部偶然性因素，那么钢铁冶炼将出现规模产出不足和生产质量不达标的诸多问题。可以这样说，元宇宙技术支配下的钢铁冶炼自动化程序不仅节约了生产成本，提高了钢铁企业的净资产效益，而且将环境污染物排放降到了较低水平，从而促进了生态治理水平的提高和生态现代化建设的进程。

3. 元宇宙技术在涉及体育石油企业的应用说明

对于石油企业来说，元宇宙技术主要应用于石油勘探、石油开采、石油运输、石油冶炼、石油机械制造、石油储存等领域。特别是对于海洋石油资源勘探和开采来说，元宇宙技术的应用更是广泛。比如，利用电脑自编程技术开发的“海底石油、天然气资源智能化探测技术”就使用了“元宇宙技术的自组织功能”。使用这一技术，不仅可以实现海底资源的埋藏深度和储量的精准测量，而且可以实现海洋水体资源的“零污染”，从而极大地保护了海洋生态环境，其生态治理现代化意义重大。不仅如此，中国自主研发的“海洋石油资源水下冶炼技术”更是将“智能化元宇宙编程技术”作为底层的控制技术。这一技术的应用大大降低了海洋石油资源的开采冶炼成本、最大限度地保护了海洋水体环境，是一项符合国家生态治理现代化战略的革命性技术。本书用“石油企业元宇宙技术应用的投资比例占全部石油企业总资产的比重”作为重要的解释变量，指出这一变量值越高，说明石油产业生态治理的水平就越高；反之亦然。

4. 元宇宙技术在涉及体育交通企业的应用说明

对于交通企业来说，元宇宙技术主要应用于如下领域：隧道开挖智能化机械控制技术、轨道交通无人驾驶技术、公交车无人驾驶技术、飞行器远程智能控制技术、高速公路智能化电子眼技术、高速公路智能化 ETC 技术、高铁智能化网络接收技术、高铁车厢风险事件电子报警技术、智能化无人机运输技术等。特别是对于智能化隧道开挖技术来说，元宇宙追溯技术的应用效能是非常显著的。比如，在电脑元宇宙编程的控制下，隧道贯通机械可以在无人在场的情景下，实现隧道开挖进度的实时信息传输，操控人员只需在办公室就可以控制隧道开挖进度。元宇宙自组织技术的应用不仅降低了施工人员的人身风险，而且大大提高了开挖速度。不仅如此，采用这一技术还可以大大节约用电成本，降低二氧化碳消耗，从而有利于绿色隧道交通事业的发展，其生态治理现代化效用极为显著。总而言之，建立在元宇宙技术之上的“智慧叠加”技术极大方便了百姓生活、降低了出行风险、减少了交通事故发生数量、优化了交通生态环境，是一种“低碳绿色、节能环保”的新型交通模式，极大促进了生态治理现代化的整体进程。该指标越大，说明生态治理现代化程度越高；反之则越低。当然，我们也应该看到元宇宙技术在智慧交通领域应用的“不足”和“盲点”。比如，在飞行器出行领域，仍然没有走出传统大数据技术的逻辑桎梏，相关投资和研发均处于“低效技术状态”；除此之外，在某些智能化交通领域还出现了高铁脱轨的事故、高速撞车的事故、轨道交通突然停电的事故、地铁漏水引发的地铁交通事故、无人机撞击飞行客机的事故等。这说明，智能化元宇宙技术还存在众多的技术盲点，这也充分说明智能交通技术研发的极端重要性和永恒的前瞻价值。

5. 元宇宙技术在涉及体育建筑企业的应用说明

对于建筑企业来说，元宇宙技术的应用主要表现在以下几个领域：建筑材料加工元宇宙技术、建筑材料物流元宇宙技术、木质建筑材料产品质量控制元宇宙技术、纸质建筑材料密度控制元宇宙技术、新闻纸张元宇宙切割技术、轻铝建筑材料智能分类元宇宙技术、金属材料透气性元宇宙监测技术、塑料材料抗腐蚀性元宇宙降压技术、石膏材料智能化涂墙元宇宙技术、各种软体材料质量监控元宇宙技术、包装材料智能化仓储分类技术、绘画材料甲醛味道智能稀释元宇宙技术、航空建筑材料风化度智能监控元宇宙技术、塑胶建筑材料耐拉力检测智能化元宇宙技术，等等。对于建材企业来说，凡是采用元宇宙技术代替传统电子计算机技术的部门和行业就会产生较大的技术收益和社会收益，那些没有采用元宇宙技术的部门和行业则存在被淘汰和被减产的风险。因为在产业隐性约束已经约定俗成的背景下，试图不采用元宇宙技术而单独进行传统产业变迁的厂家必将面临被替代的境地。本书用“建材企业元宇宙技术投资占企业总投资比重”这一变量来作为实证分析的重要量化指标。指出建材企业生态治理投资越大，说明该类企业发展态势越强劲，该企业生态治理水平越高；反之亦然。

6. 元宇宙技术在涉及体育化工企业的应用说明

一般来说，化工企业的污染构成了中国环境污染的主体部分。客观来说，人类对微观化学物质成分的青睐直接促生了某些领域的发展，比如微生物物种的保护、微观纳米技术的应用、微观生物化学技术的应用、生命科学的延续、原子能发电技术的应用、微创疗法的勃兴等。但是我们千万不要忽视微观化学产业给自然环境造成的巨大破坏，暂且不说从古到今的炼丹术和蛊惑术均对生态环境造成了显著破坏，就是今天被科学家所追捧的原子能技术、计算机硅片合成技术、化肥技术、杀虫剂技术等均对自然环境造成了特定污染。如果不采用新的智能化技术对环境污染进行治理，那么人类迟早会品尝到破坏自然环境的“苦果”。基于此，本书将“化工企业元宇宙技术的应用规模”作为重要的解释变量，指出“化工企业元宇宙技术的研发投资占企业全部资产的比例”越大，说明化工企业智慧化生产的规模也就越大，对生态环境的保护程度也就越大。尤其是对于化肥生产智能化配料技术的发展来说，具备“去中心化”特性的元宇宙技术更是起到了不可替代的作用，其生态治理效用极为显著。

7. 涉及体育制药企业元宇宙技术应用的说明

中国制药企业总体上看可以分为三类：一类是中药制造企业；二类是西药制造企业；三类是中西医混合经营企业。就对自然环境的污染程度来说，绝大多数学者认为西药制造企业污染最为严重（张亮，2019；戴玮，2019），因为西药成分分解和合成技术必然排放大量的体育高碳污染物，比如含有高浓度硫化物的中性雾气、对人体器官有强烈感官刺激的“臭碳”、严重危害大脑运行质量的“二氧化硫”和“一氧化碳”等。当然，也有学者认为中药企业的污染程度正在日益加重（王艳茹，2020；刘星亮，2020），指出中药加工企业对植物化学成分的提取均采取高温加热和高压成型的技术，这些技术如果没有元宇宙技术的协助，将会产生大量的有害气体进而威胁人类的健康，所以必须加大对中药企业生态污染的治理力度。客观来说，制药企业对生态环境污染的程度仅次于化工企业，是目前环境污染治理的核心客体。基于此，本书将“元宇宙技术在制药企业应用的投资比例”作为重要的解释变量，指出该比例越高，说明制药企业环境治理现代化的水平越高；该比例越低，说明制药企业环境治理现代化的水平越低。就元宇宙技术在制药企业的整体应用来说，智能化成分提取技术、智能化中药配方技术、智能化西药压缩成型技术、药品包装元宇宙控制技术、药品监管元宇宙技术、制药企业人力资源元宇宙管理技术、药品仓储和物流元宇宙技术、化学成分实验室元宇宙控制技术、智能化生命工程元宇宙技术等应用已经大大促进了制约企业全员劳动生产率的提高和生态治理现代化的进程（陈梦圆，2020；胡玉敏，2020）。

8. 涉及体育煤炭企业元宇宙应用的说明

人类对煤炭能源的需求本质上源于人类对生存条件的追求。在传统机械技术极为落后的时代，人们只能依靠古老的开采工艺挖掘煤炭资源，最终造成了煤炭资源的过度开采和煤炭利用效率的降低；但是到了高端煤炭开采技术极为发达的后工业化时代，劳动生产率出现了巨大提高，现在一个人利用自动化采煤技术每天开采的煤炭规模相当于过去 1000 个劳动力开采一年的规模。高度发达的煤炭开采技术在提高了单位时间煤炭产量的同时造成了炼煤技术相对滞后的问题，比如如何将优质煤炭和劣质煤炭分离出来、如何对煤炭化学成分进行分离、如何制造焦炭、如何处理煤灰、如何洗煤等，而基于电脑控制的智能化元宇宙技术则能够将煤炭生产和处理过程程序化，从而节省了人力资本，企业就有更大的资金投入节能环保工程中去。基于此，本书将“元宇宙技术在煤炭企业应用的投资比重”作为重要的解释变量，试图说明煤炭企业智能化程度越高，企业对生态环境的破坏程度越低；反之亦然。当然，强调煤炭开采和运输流程的智能化，并不是说人工成本和人力资本就不重要了，而是说在同样人力资源投入的前提下，等量的劳动可以生产更多的煤炭产品。从这个意义上来说，煤炭企业元宇宙技术的应用必然加快煤炭固定资本的流转和企业流动资本的回收进程，从而有利于企业在环境污染治理方面的规划和投资，也就加快了生态治理现代化的进程。

9.“其他”体育高碳排放企业元宇宙应用的说明

除此之外，像与体育产业发展边缘相关的钢铁、水泥、陶瓷、装修、海洋轮渡（尤其是柴油驱动型货轮）、宇宙飞船、航天飞机、军事战机、乡村沼气、乡村作坊等均对周围环境构成了影响。对这些企业或单位的环境污染评价问题，一般采用“环境污染指数加权法”“生态治理指数加权法”“环境绩效评价加权法”“自然环境退化指数法”等方法计算总体生态治理水平。

（三）控制变量说明

本书将上述这些企业归为“其他类”，指出政府相关部门关于“其他体育高碳企业污染物排放”的政策制定和实施力度也会影响生态治理现代化进程；国家关于环境污染国际合作的行为也会影响“其他体育高碳”企业生态治理现代化进程；国家生态法治现代化进程的推进也会影响“其他体育高碳”企业生态治理现代化进程；国家生态文化的宣传也会影响“其他体育高碳”企业生态治理现代化进程；国家军事生态决策也会制约“其他体育高碳”企业生态治理的深度和广度；国家各类社会文明决策和生态德育决策都会直接或者间接影响生态治理现代化的进程。本书按照调查问卷得分情况，将所有“其他因素”加以归纳赋权，最后得到“其他体育高碳企业元宇宙技术应用投资规模”数据，并按照多元线性回归原理，对“元宇宙技术应用”变量和“生态治理水平”变量进行相关性的分析。

（四）数据来源及标准化

本书以全国 31 个省级行政区域实证调研数据作为支撑。主要数据均来自各种年鉴、日报和互联网中心。

1. 数据标准化

一般来说，进入实证分析模型中的指标可以分为正向指标和负向指标两种类型，对于“0”指标一般采取“冷漠”处理原则。为了保证输入模型数据的可比性，首先对各级各类“元宇宙指标”和“体育高碳产业生态治理水平指标”进行标准化处理。本书采用刘宾（2010，2019）、张树军（2020）的研究结论，将第 n 个调查员（也可以指代年度或者时间变量）对第 m 个要素指标的统计原始值 x_{nm} 进行标准化处理：

正向数据标准化公式为：

$$X_{nm}^{s.t}(+)=\frac{X_{nm}^{s.t}-X_{nm}^{\min}}{X_{nm}^{\max}-X_{nm}^{\min}}$$

负向数据标准化公式为：

$$X_{nm}^{s.t}(-)=\frac{X_{nm}^{\max}-X_{nm}^{s.t}}{X_{nm}^{\max}-X_{nm}^{\min}}$$

2. 客观数据权重配置

本书采用国家级数据 countrydata、省级数据 provincedata、县市级数据 citydata、乡镇级数据 countydata、村级数据 villagedata 五级分类递进模型（见图 3.3）对官方和半官方体育高碳产业元宇宙发展水平、体育高碳产业生态治理现代化变迁水平进行客观评价。各级各类统计年鉴和政府公报数据往往具有准权威化和去散乱化的特征，但是在具体的实证分析过程中，必须对这些数据进行预处理，否则绝大多数数据难以进入 MATLAB 和 PYTHON 语言中。根据下图确定的权重比例（具体实证分析时会调整），本书构建如下客观评价数据权重分配模型：

$$Y_{nm}=a_1\frac{\sum_{n=1}^{W}countrydata_n^T}{countrydata_m}+a_2\frac{\sum_{n=1}^{W}provincedata_n^T}{provincedata_m}+a_3\frac{\sum_{n=1}^{W}citydata_n^T}{citydata_m}+$$

$$a_4\frac{\sum_{n=1}^{W}countydata_n^T}{countydata_m}+a_5\frac{\sum_{n=1}^{W}valliagedata_n^T}{alliagedata_m}$$

其中，a_1, a_2, a_3, a_4, a_5（$0 \leqslant a < 1$）为各级别数据的权重，n 表示数据源数量；m 为要素指标个数；T 表示数据采集时间节点。

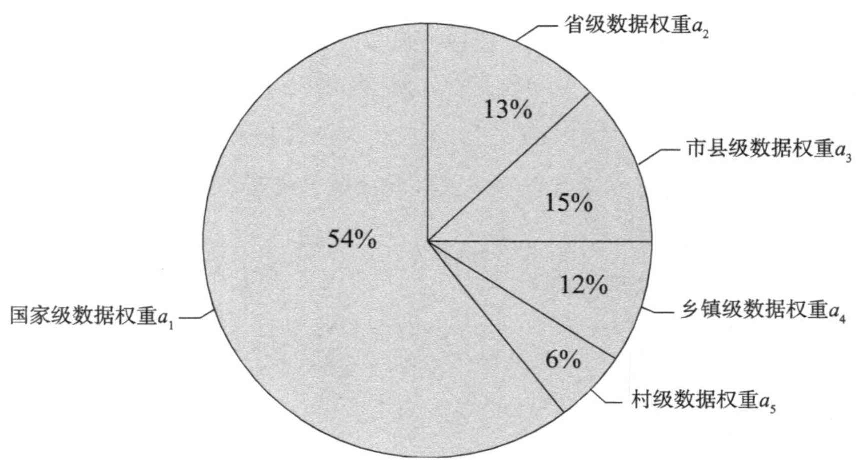

图 3.3　客观数据权重分配饼状图

在选择充分数据和资料的基础上，得到本课题实证分析所需要的原始数据矩阵，结果如下（见表 3.2）。

表 3.2　元宇宙技术影响体育高碳产业生态治理原始数据矩阵

VARIABLES	MAX VALUE	MIN VALUE	AVERAGE VALUE	s.t VALUE
Ecology index	0.6882	0.1127	0.3548	0.2231
Ecology effective	0.7928	0.2122	0.2871	0.3124
Ecology contribution	0.3129	0.0988	0.1109	0.1017
Fire electric	0.0728	0.0039	0.0219	0.0287
Steel make	0.0427	0.0021	0.0127	0.0244
Oil production	0.0328	0.0019	0.0118	0.0189

续表

VARIABLES	MAX VALUE	MIN VALUE	AVERAGE VALUE	s.t VALUE
Traffic	0.0521	0.0062	0.0262	0.0277
Building firm	0.0827	0.0081	0.0286	0.0315
Chemical factory	0.0889	0.0121	0.0389	0.0422
Pharmaceutic company	0.1198	0.0726	0.0893	0.0728
Coal production	0.0382	0.0099	0.0112	0.0183
Others factory	0.0728	0.0112	0.0213	0.0278

（五）模型构建

假定社会上只有九类“体育高碳污染”产业，假定这些产业均采用“智能化元宇宙技术”提高企业自动化水平，并由此募集更多的资金用于环境污染治理。由此，我们可以构建如下“元宇宙技术助推体育高碳产业生态治理”的实证分析模型：

$$ECO-MORDENIZATION_i^T = \alpha + \beta_1 fireelectric_i^T + \beta_2 steelmake_i^T + \beta_3 oilproduction_i^T + \beta_4 traffic_i^T + \beta_5 buildingfirm_i^T + \beta_6 chemicalfactory_i^T + \beta_7 pharmaceuticcompany_i^T + \beta_8 coalproduction_i^T + \beta_9 othersfactory_i^T + \beta_{10} culture_i^T + \beta_{11} cultivation_i^T + \beta_{12} creativity_i^T + \beta_{13} management_i^T + \beta_{14} desire_i^T + \beta_{15} party_i^T + \beta_{16} teeriotorycontrol_i^T + \beta_{17} space \times policy_i^T + \pi_i^T$$

（六）变量回归结果及说明

本书使用 Matlab 软件和 statas 软件对解释变量和被解释变量进行了回归分析，结果如下（见表 3.3）。

表 3.3 元宇宙技术影响体育高碳产业生态治理模型回归结果

变量属性	变量名称	Ecology index	Ecology effective	Ecology contribution
解释变量组	涉及体育火电企业元宇宙应用水平	0.02778 （0.00182）***	0.04452 （0.01129）***	0.06621 （0.00318）***
	涉及体育冶金企业元宇宙技术应用水平	0.01128 （0.00117）***	0.02189 （0.00172）***	0.07829 （0.00271）***
	涉及体育石油企业元宇宙技术应用水平	0.07726 （0.00728）***	0.08929 （0.00217）***	0.09027 （0.00549）
	涉及体育交通企业元宇宙技术应用水平	0.08927 （0.00988）***	0.09128 （0.00211）***	0.09898 （0.00632）***
	涉及体育建筑企业元宇宙技术应用水平	0.07836 （0.00198）*	0.08327 （0.0038）**	0.07725 （0.00328）***
	涉及体育化工企业元宇宙技术应用水平	0.09982 （0.00338）***	0.08927 （0.00427）***	0.07978 （0.00211）
	涉及体育制药企业元宇宙技术应用水平	0.07999 （0.00331）***	0.07973 （0.00219）***	0.05539 （0.00188）***
	涉及体育煤炭企业元宇宙技术应用水平	0.03748 （0.00112）**	0.07532 （0.00118）**	0.03722 （0.00109）
	其他体育高碳企业元宇宙技术应用水平	0.04418 （0.00288）*	0.03879 （0.00198）**	0.04428 （0.00177）***
控制变量组	体育高碳企业技术文化氛围	0.02138 （0.00102）***	0.02289 （0.00133）***	0.06987 （0.00212）***
	体育高碳企业技术培训理念	0.01918 （0.00113）	0.02009 （0.00142）	0.01928 （0.00111）
	体育高碳企业科技创新意识	0.04782 （0.00178）***	0.05276 （0.00186）***	0.06879 （0.00309）***
	体育高碳企业科技管理战略	0.03627 （0.00231）	0.03879 （0.00209）	0.06528 （0.00398）
	体育高碳企业职工生态愿景	0.01128 （0.00089）*	0.02188 （0.00104）*	0.01107 （0.00098）*
	体育高碳企业技术性党员数量	0.01003 （0.00093）	0.01627 （0.00094）	0.02156 （0.00088）
	区域控制变量	0.02121 （0.00388）***	0.01877 （0.00216）***	0.01566 （0.00112）***

续表

变量属性	变量名称	Ecology index	Ecology effective	Ecology contribution
交叉乘积变量	space × policy	0.08725（0.03327）***	0.08928（0.04431）***	0.07879（0.02776）***
纵列截距项	Intercept term	-35.772(12.138）	-13.289（9.786）	-9.786（4.223）
似然比检验 LR	LRtest（H0：ρ =0）	12.50126（5.2007）	11.03556（4.02098）	13.02773（6.04889）
虚拟判定系数 R^2	（Pseudo）R^2	0.82812***	0.83778***	0.82274***
样本数	observations	4100	4100	4100

注：表中 ***、**、* 分别表示 T 检验在 1%、5%、10% 水平上显著；( ) 表示回归系数稳健标准误

结果说明：

在引入了“空间异质性”和“政策弹性”的交叉乘积变量之后，回归结果的显著性出现了快速升高的趋势，分别为 0.08725（作用于“高碳体育产业自然环境人性化”变量）、0.08928（作用于“高碳体育产业生态治理效度”变量）和 0.07879（作用于“高碳体育产业生态治理社会贡献度”变量）。这表明，不仅“元宇宙技术促进体育高碳产业生态治理”强度呈现明显的区域差异性，而且在政策弹性的约束下，中国体育高碳产业生态治理水平呈现出更加显著的区域差异性。合理的解释是：中国的生态治理行为和过程在很大程度上属于“政策导向型”生态变迁模式，没有了可替代性政策的强力约束，中国的生态治理行为将沦为“权力角逐”的牺牲品。在宏观政策难以驾驭地方生态治理决策的前提下，各自为政的财政拨付战略又加剧了区域生态环境治理的差异性，最终使经济和技术上的弱势地区承担了生态环境污染治理的主要责任，而经济发达地区则规避了生态环境污染治理的次要责任。责任的不均衡直接导致了某些地区环境污染不断加重的必然态势，使体育高碳产业生态治理战略的推进举步维艰。可见，不断推进元宇宙技术在生态污染治理领域的广泛应用不仅具有理论价值而且具有极为深远的现实意义。

三、元宇宙赋能体育高碳产业生态治理模型检验及结果分析

上述线性 logistic 模型试图通过多元实证分析探索“元宇宙技术作用于体育高碳产业生态治理”强度问题。尽管“高碳体育产业生态治理效度”“高碳体育产业自然环境人性化”和“高碳体育产业生态社会贡献度”三个变量相对于“体育高碳产业生态治理”的权重各不相同，但这并不影响多元 LOGISTIC 模型分析结果的正确性和稳健性。本书将采用“云模型”检验实证结果的准确性；将通过“高碳体育产业元宇宙应用”变量和“高碳体育产业生态治理现代化”变量之间的“耦合协调度”模型检验多元线性分析结果的稳健性；将采用克朗巴赫内部一致性模型检验多元线性模型的合理性。

（一）基于云模型的检验

表 3.3 的回归结果表明，各变量之间的 LRtest（H0：ρ =0）值远远大于 1，分别为 12.50126、11.03556、13.02773；虚拟判定系数 R^2 值分别为 0.82812、0.83778、0.82274，均接近于 1。这表明，模型设计是合理的，变量选择是符合预期的。但是回归过程的合理性和变量选择的无漏性并不代表回归结果的稳健性。为了进一步判定回归结果的稳健性，本书拟采用云模型对回归结果进行初步的检验。

1. 云模型及其定义

按照思维活动的一般规律，人们对事物变化规律性的认识往往肇始于理论假说。科学的假设是推动人类科技文明进步的原初动力，可以这样说没有科学假设就没有现代科学。正如现代数学家苏步青所说，所有社会科学都是假说、所有自然科学都是对假说的实验；无穷无尽的假说推动了无穷无尽的检验、永无休止的检验夯实了社会科学基本概念体系和逻辑架构。[①] 本书讨论的主题是“元宇宙技术推动体育高碳产业生态治理”的效度问题，因而必然牵扯评价“生

① 苏步青 . 苏步青文选 [M]. 杭州：浙江科学技术出版社，1991.

态治理效度”“自然环境人性化”和“生态社会贡献度”三个变量的定量值和有关“生态治理现代化”各种定性概念的关系问题。如何实现各个变量中定量值和定性概念之间的转化问题，也就是说如何提高上述多元线性 LOGISTIC 模型回归结果的准确性问题就成为数理经济学家关注的重大问题，基于此李德毅教授根据多年的实验研究，提出了定性概念和定量分析相互转换的“云模型”（Cloud model）理论，指出物质性世界的最大魅力来源各种不确定性，对自然界和人类社会各种不确定性的度量构成了概率论和模糊数学的永恒主题，强调云模型可以被广泛应用于自然语言处理、管理决策分析、智能程序控制、数据挖掘处理和可视化图像模拟等诸多领域。①本书将首先采用云模型理论对上一小节的实证分析进行检验。

假设存在一个名为 W 的论域集合 $W=\{x\}$。在 W 中必然存在着众多模糊集合名为 H。假定每一个模糊集合 $H=\{y\}$ 的元素 y 都对应着 $W=\{x\}$ 中随机数 $\xi\wedge(x)$，则称 $\xi\wedge(x)$ 为 x 对于 $H=\{y\}$ 的隶属度。如果论域中的元素都是有序分布的，那么我们称隶属度在 W 上的分布是“云分布”；如果论域中的元素不是简单有序分布的，而是按照某种法则复合分布的，那么我们称隶属度在 W 上的分布是“复合云分布”。云分布模型可以通过多种自然语言、借助各种软件加以实现，已经成为分析不同属性变量间相互关系的重要选择。

云模型属于不确定性人工智能范畴，对于研究体育高碳产业生态治理过程中各种不确定性因素的作用具有重大意义。比如，在环境污染物政府决策中，采用云模型可以解决各级各类政府部门的不确定性因素在多大程度上影响碳排放指标的决策，在意见高度不一致的情况下如何根据权重配置理论将定性因素转化为“定量因素”，从而实现生态治理决策的标准化和科学化，避免单纯依靠专家主观决策的弊端。研究“元宇宙技术对体育高碳产业生态治理的推动作用”这类问题，同样可以使用云模型将各种不同意见转化为定量的“云滴”，从而实现决策的快速化和便捷化，推动生态治理水平的不断提高。

2. 云模型的数字特征

云模型使用期望值 *expectation*（EX）、熵值*entropyvalue*（EV）和超熵

① https://note.youdao.com/ynoteshare1/index.html?id=f1afe7bcad78914492c48ec2b7a77d3c&type=note#/.

值 *excessentropy*（EE）三个概念来描绘定性概念定量化转换过程、定量问题可视化过程。其基本的几何意义如图 3.4 所示。

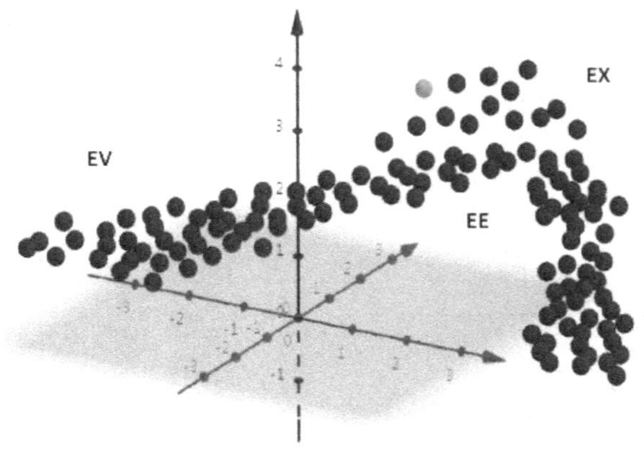

图 3.4　云模型几何意义

（1）期望值 *expectation*

在本案中，期望值 *expectation* 是指“元宇宙技术推动体育高碳产业生态治理”的理想状态值，类似于灰色关联度模型中的“理想灰色关联度”值。表示政府期望、社会期望、个体期望等的加权平均值，计算过程采用 MATLAB 加以实现。期望值 *expectation* 是整个论域 $W=\{x\}$ 的“核心”，期望值越大，说明社会各界对“元宇宙技术推动体育高碳产业生态治理”的预期期望越高；反之越低。在不同的期望值下，“云滴”的分布是不同的（见图 3.5）。

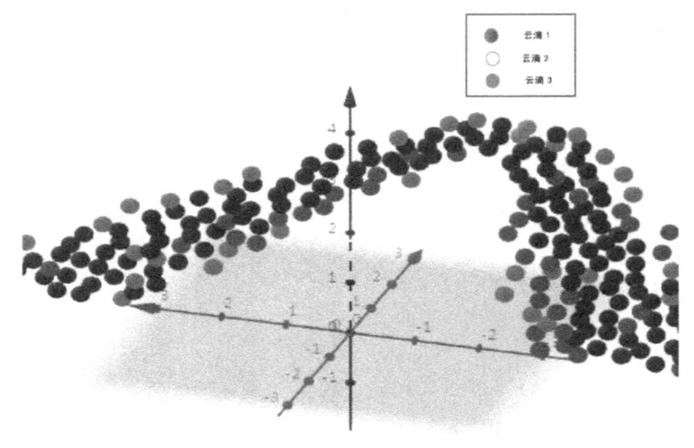

图 3.5　期望值分布云滴模型

（2）熵值*entropyvalue*

熵值*entropyvalue*是指模糊集合 $H=\{y\}$ 中的元素 y 相对于 $W=\{x\}$ 中的 x 的贡献度。在本案中表示“元宇宙技术推动体育高碳产业生态治理”模型估计系数值的可靠性。一般来说，熵值*entropyvalue*越大，说明模糊性和随机性越大，“元宇宙技术推动体育高碳产业生态治理”模型估计系数越不可靠。这就从定量角度模拟了上述多元线性 LOGISTIC 模型回归结果的稳健性，也是本课题最为关注的评价值。在期望值 *expectation* 恒定、熵值*entropyvalue*同的情况下，“云滴”的分布也是不同的（见图 3.6）。

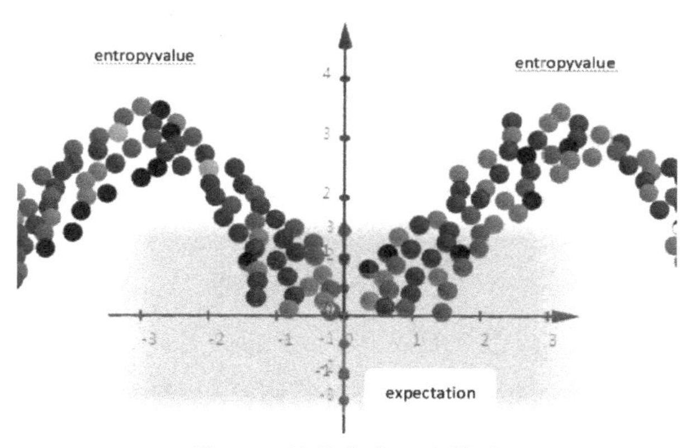

图 3.6　熵值分布云滴模型

（3）超熵值 *excessentropy*

超熵值 *excessentropy* 是指熵值 *entropyvalue* 的熵，用来表示熵值 *entropyvalue*的不确定性。超熵值反映了“云滴”的稳定性，在一定程度上昭示着“元宇宙技术推动体育高碳产业生态治理”模型估计系数的稳健性。如果上述多元线性 LOGISTIC 模型使用的变量（即上文中的 x，构成“云滴”的主要成分）是稳定的，那么回归结果就是可靠的；反之，如果多元线性 LOGISTIC 模型使用的变量是高度弹性的或者说具有极强的可替代性，那么回归结果往往是不可靠的。在期望值 *expectation* 恒定和熵值*entropyvalue*恒定的前提下，“云滴”的分布也是不同的（见图 3.7）。

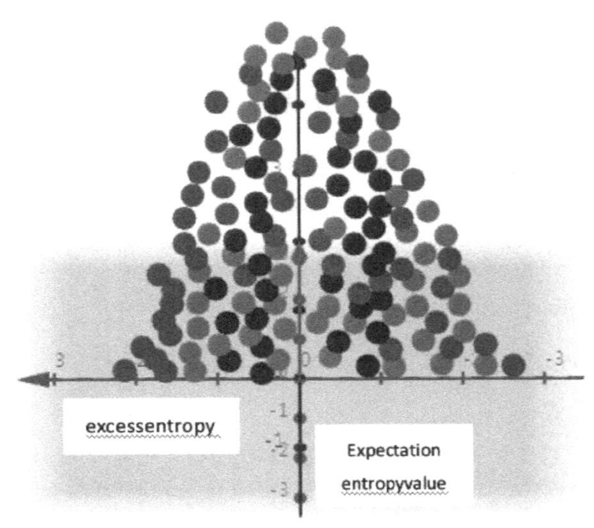

图 3.7　超熵值分布云滴模型

3. 云模型的计算

云模型主要有两种算法，即正态云算法和逆态云算法。这两种算法都是在定量分析和定性概念之间进行的数值转换，都具有人工智能的特殊用途。“正态云算法”着眼于定性问题的定量化模拟，对于复杂社会问题的解决具有重大意义；“逆态云算法”着眼于定量问题的定性化模拟，对于数学量化方法的广延性和可翻译性提供了全新思路。这两种方法均对智能化技术作出了贡献，都是人工智能领域优选的元宇宙算法，也是能被元宇宙有效识别的经典算法。

（1）正态云计算。所谓“正态云”是指按照有限穷举法收集到的定性因素经过语言值转换之后得到的数值散点图，正态云计算按照基本的数学交换律和结合律。假定存在四类定性概念，分别定义为蓝云（blue cloud）、红云（red cloud）、绿云（green cloud）和紫云（purple cloud）（见图 3.8）。

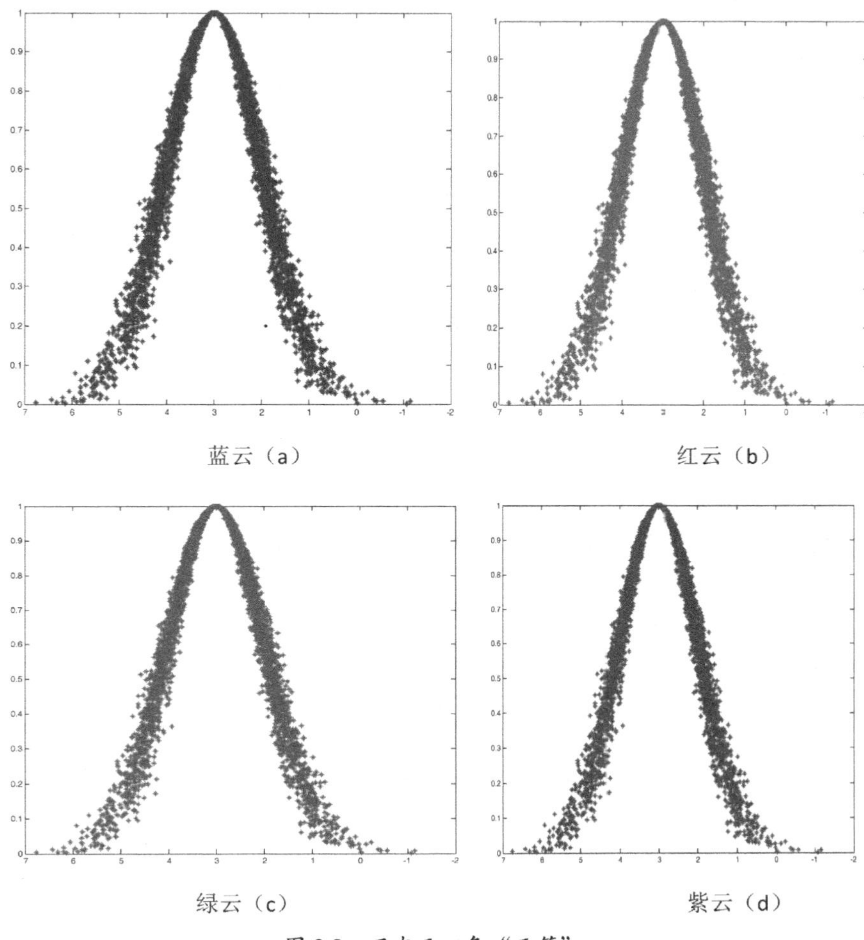

蓝云（a）　　红云（b）

绿云（c）　　紫云（d）

图 3.8　正态云四色“云簇”

每一“朵”虚拟云均包含了云期望值、云熵值和云超熵值三种属性值。于是可以定义“云簇”几何值的代数计算公式如下。

加法运算律：

$$Father(cloud)=Kid(redcloud)+Kid(bluecloud)+Kid(greencloud)+Kid(purplecloud)$$

$$Father(\exp ectation)^{+}=red_{cloud}^{\exp extation}+blue_{cloud}^{\exp extation}+green_{cloud}^{\exp extation}+purple_{cloud}^{\exp extation}$$

$$Father(excessentropy)^{+}=\sqrt{\left(red_{cloud}^{excessentropy}\right)^{2}+\left(blue_{cloud}^{excessentropy}\right)^{2}+\left(green_{cloud}^{excessentropy}\right)^{2}+\left(purple_{cloud}^{excessentropy}\right)^{2}}$$

$$Father(entropyvalue)^{+}=\sqrt{\left(red_{cloud}^{entropyvalue}\right)^{2}+\left(blue_{cloud}^{entropyvalue}\right)^{2}+\left(green_{cloud}^{entropyvalue}\right)^{2}+\left(purple_{cloud}^{entropyvalue}\right)^{2}}$$

减法运算律：

$$Father(cloud)=Kid(redcloud)-Kid(bluecloud)-Kid(greencloud)-Kid(purplecloud)$$

$$Father(\exp ectation)^{-}=red_{cloud}^{\exp ectation}-blue_{cloud}^{\exp ectation}-green_{cloud}^{\exp ectation}-purple_{cloud}^{\exp ectation}$$

$$Father(excessentropy)^{-}=\sqrt{\left(red_{cloud}^{excessentropy}\right)^{2}+\left(blue_{cloud}^{excessentropy}\right)^{2}+\left(green_{cloud}^{excessentropy}\right)^{2}+\left(purple_{cloud}^{excessentropy}\right)^{2}}$$

$$Father(entropyvalue)^{-}=\sqrt{\left(red_{cloud}^{entropyvalue}\right)^{2}+\left(blue_{cloud}^{entropyvalue}\right)^{2}+\left(green_{cloud}^{entropyvalue}\right)^{2}+\left(purple_{cloud}^{entropyvalue}\right)^{2}}$$

乘法运算律：

$$Father(cloud)=Kid(redcloud)\times Kid(bluecloud)\times Kid(greencloud)\times Kid(purplecloud)$$

$$Father(\exp ectation)^{\times}=red_{cloud}^{\exp ectation}\cdot blue_{cloud}^{\exp ectation}\cdot green_{cloud}^{\exp ectation}\cdot purple_{cloud}^{\exp ectation}$$

$$Father(excessentropy)^{\times}=\left|red_{cloud}^{\exp ectation}\cdot blue_{cloud}^{\exp ectation}\cdot green_{cloud}^{\exp ectation}\cdot purple_{cloud}^{\exp ectation}\right|\bullet$$

$$\sqrt{\left(\frac{red_{cloud}^{excessentropy}}{red_{cloud}^{\exp ectation}}\right)^{2}+\left(\frac{blue_{cloud}^{excessentropy}}{blue_{cloud}^{\exp ectation}}\right)^{2}+\left(\frac{green_{cloud}^{excessentropy}}{green_{cloud}^{\exp ectation}}\right)^{2}+\left(\frac{purple_{cloud}^{excessentropy}}{purple_{cloud}^{\exp ectation}}\right)^{2}}$$

$$Father(entropyvalue)^{\times}=\left|red_{cloud}^{\exp ectation}\cdot blue_{cloud}^{\exp ectation}\cdot green_{cloud}^{\exp ectation}\cdot purple_{cloud}^{\exp ectation}\right|\bullet$$

$$\sqrt{\left(\frac{red_{cloud}^{entropyvalue}}{red_{cloud}^{\exp ectation}}\right)^{2}+\left(\frac{blue_{cloud}^{entropyvalue}}{blue_{cloud}^{\exp ectation}}\right)^{2}+\left(\frac{green_{cloud}^{entropyvaluey}}{green_{cloud}^{\exp ectation}}\right)^{2}+\left(\frac{purple_{cloud}^{entropyvalue}}{purple_{cloud}^{\exp ectation}}\right)^{2}}$$

除法运算律：

$$Father(cloud)={Kid(redcloud)/Kid(bluecloud)}\Big/{Kid(greencloud)/Kid(purplecloud)}$$

$$Father(\exp ectation)^{*}={red_{cloud}^{\exp ectation}/blue_{cloud}^{\exp ectation}}\Big/{green_{cloud}^{\exp ectation}/purple_{cloud}^{\exp ectation}}$$

$$Father(entropyvalue)^{*}=\left|{red_{cloud}^{\exp ectation}/blue_{cloud}^{\exp ectation}}\Big/{green_{cloud}^{\exp ectation}/purple_{cloud}^{\exp ectation}}\right|\times$$

$$\sqrt{\left(\frac{red_{cloud}^{entropyvalue}}{red_{cloud}^{\exp ectation}}\right)^{2}+\left(\frac{blue_{cloud}^{entropyvalue}}{blue_{cloud}^{\exp ectation}}\right)^{2}+\left(\frac{green_{cloud}^{entropyvaluey}}{green_{cloud}^{\exp ectation}}\right)^{2}+\left(\frac{purple_{cloud}^{entropyvalue}}{purple_{cloud}^{\exp ectation}}\right)^{2}}$$

$$Father(excessentropy)^{*}=\left|{red_{cloud}^{\exp ectation}/blue_{cloud}^{\exp ectation}}\Big/{green_{cloud}^{\exp ectation}/purple_{cloud}^{\exp ectation}}\right|\times$$

$$\sqrt{\left(\frac{red_{cloud}^{excessentropy}}{red_{cloud}^{\exp ectation}}\right)^{2}+\left(\frac{blue_{cloud}^{excessentropy}}{blue_{cloud}^{\exp ectation}}\right)^{2}+\left(\frac{green_{cloud}^{excessentropy}}{green_{cloud}^{\exp ectation}}\right)^{2}+\left(\frac{purple_{cloud}^{excessentropy}}{purple_{cloud}^{\exp ectation}}\right)^{2}}$$

正态云智能模拟发生器的运作原理如下。首先定义四组模糊云团：

$$CLOUD(1) \in \{u_1, v_1, w_1\}; CLOUD(2) \in \{u_2, v_2, w_2\};$$
$$CLOUD(3) \in \{u_3, v_3, w_3\}; CLOUD(4) \in \{u_4, v_4, w_4\}$$

接着计算云团内部各三维云滴数据均值 $\overline{X} = \{u, v, w\}$，其中

$$\overline{u} = \frac{1}{n}\sum_{i=1}^{n} u_{i,} \overline{v} = \frac{\sum_{i=1}^{n} vu}{\sum_{i=1}^{n} u}, \overline{w} = \frac{\sum_{i=1}^{n} wu}{\sum_{i=1}^{n} u}$$

可以得到马尔科夫中心距离偏离度函数和样本方差：

$$MARKOF_i^{space} = \frac{1}{n}\sum_{i=1}^{n}\left|x_i - \overline{X}\right| \ S^2 = \frac{1}{n}\sum_{i=1}^{n}(x_i - \overline{X})^2$$

计算 entropyvalue 和 excessentropy 的估计值：

$$\overset{\Omega}{excessentropy} = \sqrt{\frac{\pi}{2}} \bullet \frac{1}{n}\sum_{i=1}^{n}\left|x_i - \overset{\Omega}{\exp ectation}\right|$$

$$\overset{\Omega}{entropyvalue} = \sqrt{\left|S^2 - \frac{1}{3}\overset{\Omega}{excessentropy}^2\right|}$$

按照正态云原理构建的云图如图 3.9 所示。显然这是一种具备高斯原理的 GAOSI 云图。

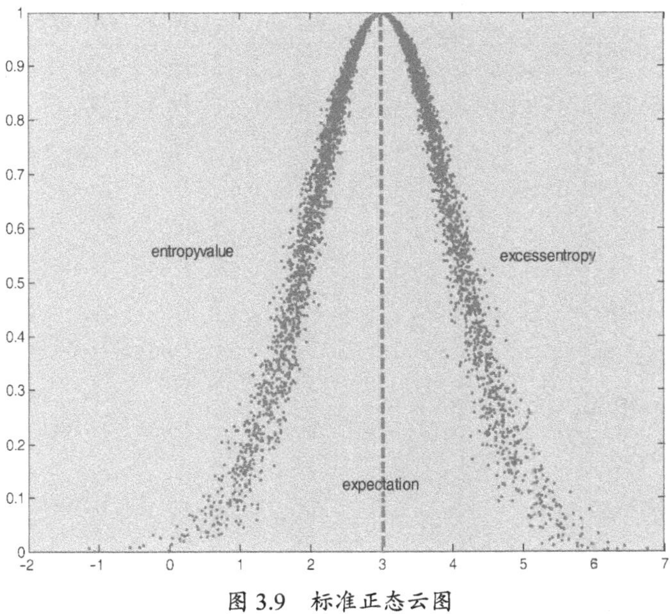

图 3.9　标准正态云图

（2）逆态云计算。所谓“逆态云”是指将一定数量的精确数值经过转换后生成的定性概念散点图。由于在转换方向上的区别，所以学术界称这一过程为“逆态云计算”过程（见图 3.10）。从图 3.10 中我们可以看出，逆态云计算的方向与“正态云计算”的方向完全相反，属于逆向推理的数学过程。现实中，“逆向云智能发生器”能够将所有定量化数据进行模糊拓扑并清晰呈现云期望值、云熵值和云超熵值。与“正态云计算”类似，“逆态云计算”同样遵循数学结合律和交换律。“逆态云计算”常常出现在智能化元宇宙技术的核心区域，指引智能化机器人、智能化工程测量、脑波模拟、滤波清洗、光波传输、电波振动、声波传递和量子碰撞等高技术设备的“人工智能化”创新和发展，取得了显著的经济效益和环境效益，是体育高碳企业生态治理的重要技术根基。“逆态云计算”的 matlab 过程如下：

假定云空间上任何一个小的元素Δx对于定性概念的贡献度为$\Delta CONTRBUTION$，则：

$$\Delta CONTRIBUTION=\frac{X_i(x)*\Delta x}{\sqrt{2\pi}\cdot excessentropy}$$

于是论域内所有元素对于定性概念的总体贡献度为：

$$C_{contribution}^{all}=\frac{\int_{-\infty}^{+\infty}X_i(x)dx}{\sqrt{2\pi}excessentropy}=\frac{\int_{-\infty}^{+\infty}e^{-(x-F(x)^2}\Big/2excessentropy^2dx}{\sqrt{2\pi}excessentropy}=1$$

逆态云计算代码可以在 MATLAB 软件中加以实现，代码如下：

```
Ex=3;
En=1;
He=0.1;
X=zeros(1,5000);
Y=zeros(1,5000);
X=normrnd(En,He,1,5000);
For k=1:5000
    E1=X(k);
    X(k)=normrnd(Ex,E1,1);
    Y(k)=exp(-(X(k)-Ex)^2/(2*(E1^2)));
```

```
Plot(X(k),Y(k));
Hold on
end
```

经过 MATLAB 转换之后，上述代码将形成一个（3，1，0.1）的逆态云模型，共有 15000 个“云滴”（见图 3.10）。

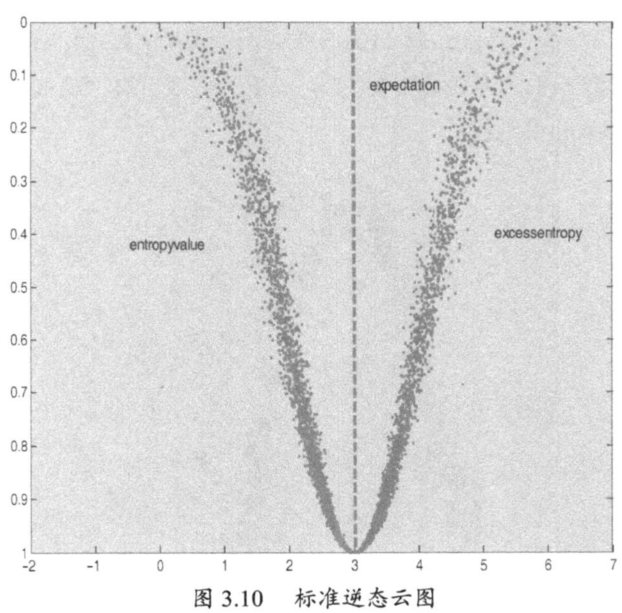

图 3.10　标准逆态云图

4. 基于云模型的实证检验

体育高碳产业生态治理是一个涉及多学科、多技术和多因素的综合治理工程。本书将“体育高碳产业元宇宙技术投资规模占该类产业总投资规模的比重”作为多元线性回归的解释变量，而没有考虑各种不可预知的、不确定性的、不可即时观测到的定性变量对体育高碳产业生态治理水平的影响。比如，体育高碳产业职工的生态文化素质、自然伦理学基础、隐性知识存量、工作积极性和创造性、员工科技培训经历、员工教育经历和家庭背景、员工身份和领导作风等因素对体育高碳产业生态治理水平的影响。为了验证“元宇宙技术推动体育高碳产业生态治理”模型回归结果的稳健性，首先将各种定性概念进行语言值的转换；其次得到云模型的语言值数值，按照语言值数据做出云模型图，借此分析 LOGISTIC 模型的稳健性。云模型为我们客观评价定性因素对体育高碳企业生态治理的影响提供了便捷路径。

（1）“元宇宙技术推动‘体育高碳产业自然环境人性化’”模型（Ⅰ）回归结果“云滴”检验。将影响“体育高碳产业自然环境人性化程度”的诸多不确定性因素（道德因素、情感因素、理性因素、兴趣爱好、工作偏好性、制度倾向性、国际关系因素）进行云转换后，我们发现，各类云期望值、熵值和超熵值均呈现不同的特点。为此，我们在“元宇宙技术推动‘体育高碳产业自然环境人性化’”模型（Ⅰ）中设定 EX、EV、EE 分别为 2.5、1、0.1；“云滴”数：4100。结果如图 3.11 所示。

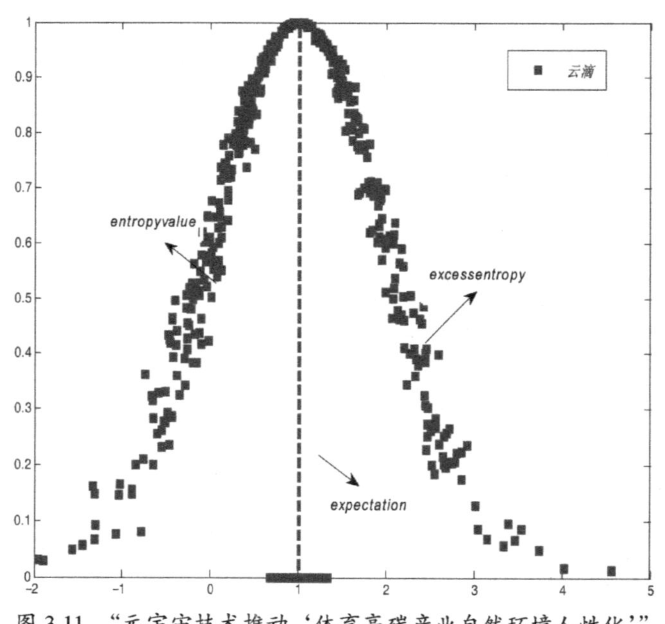

图 3.11 “元宇宙技术推动‘体育高碳产业自然环境人性化’”模型（Ⅰ）回归结果“云滴”检验

图 3.11 显示，“元宇宙技术推动‘体育高碳产业自然环境人性化’”模型（Ⅰ）的云期望值（EX）均维持在“1”左右的水平，这表明各种不可确定因素中绝大多数支持“元宇宙技术推动‘自然环境人性化’”前提假设，这一结果和各项回归系数乘以 10 后的结果相近。“云滴”（cloud drop）不断向期望值核心凝聚的事实表明，火电企业、冶金企业、石油企业、交通企业、建筑企

业、化工企业、制药企业、煤炭企业和“其他体育高碳企业”元宇宙技术投资规模对于体育高碳企业生态治理水平的提高意义重大，其中化工企业、交通企业、制药企业和建筑企业分别占据前四位。与此同时，各种不确定性因素的熵值（EN）和超熵值（EE）转换也充分证明了这一论点。这就从更加广泛的范围验证了本书原初的假设，从而证明了多元线性 LOGISTIC 回归结果的稳健性。

（2）“元宇宙技术推动‘体育高碳产业生态治理效度’”模型（Ⅱ）回归结果检验。为了进一步检验元宇宙技术推动“体育高碳产业生态治理效度”模型（Ⅱ）回归结果的准确性，我们在“体育高碳产业元宇宙技术推动‘生态治理效度’”模型（Ⅱ）中设定 EX、EV、EE 分别为 4.5、3、1.5；“云滴”数增加到 15000。之所以增加“云滴”数就是因为影响生态治理效度的各种“不可确定性”因素更加复杂，只有提高“不可确定性”因素的数量才能更加明确析出“元宇宙技术推动‘体育高碳产业生态治理效度’”模型（Ⅱ）回归结果的稳健性。“云滴”转换结果如图 3.12 所示。

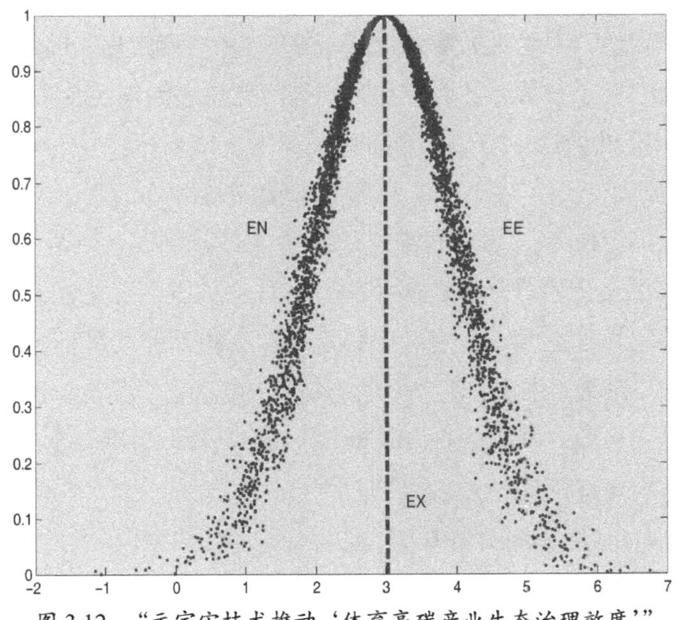

图 3.12　“元宇宙技术推动‘体育高碳产业生态治理效度’”模型（Ⅱ）回归结果“云滴”检验

图3.12表明："元宇宙技术推动'行业高碳产业生态治理效度'"模型（Ⅱ）的云期望值（EX）均维持在"3"左右的水平，这说明各种"不可确定性"因素中绝大多数支持"元宇宙技术推动'行业高碳产业生态治理效度'"前提假设，这一结果和各项回归系数乘以20后的结果相近。"云滴"不断向期望值核心凝聚的事实表明，火电企业、冶金企业、石油企业、交通企业、建筑企业、化工企业、制药企业、煤炭企业和"其他体育高碳企业"元宇宙技术投资规模对于体育高碳企业生态治理水平的提高意义重大，各种"不确定性"因素的熵值（EN）和超熵值（EE）转换也充分证明了这一论点。这就从更加广泛的范围验证了本书原初的假设，从而证明了多元线性LOGISTIC回归结果的稳健性。

（3）"元宇宙技术推动'体育高碳产业生态治理社会贡献度'"模型（Ⅲ）回归结果检验。为了进一步检验元宇宙技术推动"体育高碳产业生态治理社会贡献度"回归结果的准确性，我们在"元宇宙技术推动'体育高碳产业生态治理社会贡献度'"模型（Ⅲ）中设定EX、EV、EE分别为4.5、3、1.5；"云滴"数增加到25000。之所以增加"云滴"数就是因为影响生态治理社会贡献度的各种"不可确定性"因素更加复杂，只有提高"不可确定性"因素的数量才能更加明确析出"元宇宙技术推动'体育高碳产业生态治理社会贡献度'"模型（Ⅲ）回归结果的稳健性。"云滴"转换结果如图3.13所示。

图3.13说明："元宇宙技术推动'体育高碳产业生态治理社会贡献度'"模型（Ⅲ）的云期望值（EX）均维持在"3"左右的水平，这表明各种不可确定因素中绝大多数是支持"元宇宙技术推动'体育高碳产业生态治理社会贡献度'"前提假设的，这一结果和各项回归系数乘以30后的结果相近。"云滴"不断向期望值核心凝聚的事实表明，火电企业、冶金企业、石油企业、交通企业、建筑企业、化工企业、制药企业、煤炭企业和"其他体育高碳企业"元宇宙技术投资规模对于体育高碳企业生态治理水平的提高意义重大，各种"不确定性"因素的熵值（EN）和超熵值（EE）转换也充分证明了这一论点。这就从更加广泛的范围验证了本书原初的假设，从而证明了多元线性LOGISTIC回归结果的稳健性。

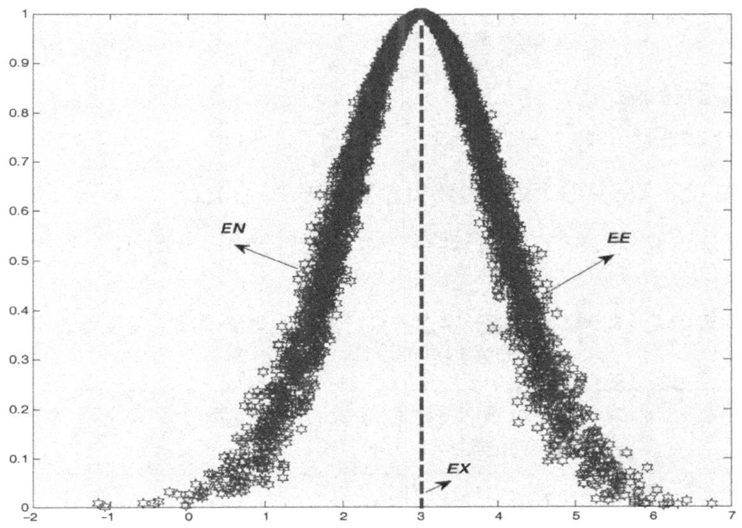

图 3.13　“元宇宙技术推动‘体育高碳产业生态治理社会贡献度’”模型（Ⅲ）回归结果“云滴”检验

（二）基于耦合协调度模型的检验

本书假定“元宇宙系统”和“体育高碳企业生态治理系统”是两个既相互作用又相互具备独立性的系统。既然是相互具备独立性的系统，因此本书借鉴蒙恬等（2024）和李向阳等（2022）的研究，采用耦合协调度模型对“元宇宙技术促进体育高碳企业生态治理”的水平进行实证测度和检验，以进一步验证上述多元线性回归模型的稳健性。本书采用变异系数法（Coefficient of Variance）来度量“元宇宙系统”和“体育高碳企业生态治理系统”之间的耦合度，认为变异系数越小协调度越高、系统达到最优化的概率越大；变异系数越大协调度越低、系统达到最优化的概率越小（李脘玲，2018）。公式如下：

$$P=\left\{\frac{u(x)v(y)}{\left[u(x)v(y)\big/2\right]^{2}}\right\}^{k}$$

其中 p 表示子系统耦合度，取值一般在 0 ～ 1；k 表示弹性调节系数，取值一般在 2 ～ 5。适应本研究的需要，本书取 k=4。

实证检验结果：

根据体育高碳产业元宇宙技术应用规模变量作用于“生态治理水平”变量的特点和强度，我们按照特定的评价指标体系和上述公式，计算了元宇宙与体育高碳产业生态治理耦合发展的基本情况，结果如表 3.4 所示。

表 3.4 体育高碳产业元宇宙技术应用与生态治理耦合发展类型和主导发展类型（2018—2024 年）

英文标识码	体育高碳产业元宇宙技术应用与生态治理水平	耦合发展类型	主导发展类型
Fire electric	火电产业元宇宙技术应用与体育高碳产业生态治理	中度失调	拮抗型
Steel make	冶金产业元宇宙技术应用与体育高碳产业生态治理	中度失调	拮抗型
Oil production	石油产业元宇宙技术应用与体育高碳产业生态治理	初级协调	体育高碳产业生态治理主导型
Traffic	交通产业元宇宙技术应用与体育高碳产业生态治理	初级协调	体育高碳产业生态治理主导型
Building firm	建筑产业元宇宙技术应用与体育高碳产业生态治理	初级协调	体育高碳产业生态治理主导型
Chemical factory	化工产业元宇宙技术应用与体育高碳产业生态治理	重度失调	元宇宙技术应用滞后型
Pharmaceutic company	制药产业元宇宙技术应用与体育高碳产业生态治理	重度失调	元宇宙技术应用滞后型
Coal production	煤炭产业元宇宙技术应用与体育高碳产业生态治理	重度失调	元宇宙技术应用滞后型
Others factory	其他	严重失调	元宇宙技术应用滞后型

资料来源：2018—2024 年中国低碳协会官网数据；2018—2024 年生态环境部数据；2018—2024 年国家经济统计年鉴数据。

从表 3.4 中可以看出：（1）火电产业和冶金产业的元宇宙技术应用和体育高碳产业生态治理水平呈现出“中度失调”的局面、主导发展呈现出“拮抗”特点。合理的解释是：火电产业和冶金产业的基础设施投资具有较强的时间惯性，这类产业的污染物排放较为严重。在过去生态保护制度漏洞和法治软约束的辅助下，绝大多数火电产业和冶金产业都从自然资源的掠夺性开发中获得了“超额利润”，因此对于“政策收紧”期间的生态问题缺乏深度治理的积极性和主动性。在很多时候，火电产业和冶金产业的生态治理大多是在“倒逼型”模式中匍匐前行的。当政策逼迫不得不减少污染物排放的时候，就减产、少产甚至大搞“形式主义停产”；当政策放松或者法律疲软的时候就大搞规模生产，以弥补政策收紧时的利润损失并觊觎法治漏洞产生的“暴富利润”。所以说，在元宇宙技术推动生态治理现代化的进程中，火电产业和冶金产业必然出现“中度失调”的局面。

（2）石油、交通和建筑产业元宇宙技术应用和体育高碳产业生态治理水平呈现出“初级协调”的局面。合理的解释是：石油产业是元宇宙技术应用水平较高的产业，快速发展的交通产业不仅大规模消耗各类汽油、柴油和天然气，而且相关辅助产业对石油类产品的消费也呈现逐年增长的态势。按照产业流动学的一般规律，较高的流动性往往意味着较强的盈利能力和治污能力；反之亦然。除此之外，中国高铁、高速和航空运输事业的发展也为石油和建筑产业元宇宙技术的应用打下了坚实的基础。与此相适应，石油、交通和建筑产业的生态治理水平也呈现出较好的局面，不仅碳消耗在不断减少，而且减排设施的智能化水平也是最高的。在元宇宙技术和体育高碳产业生态治理良性配合的形势下，耦合协调度出现“初级协调”的局面、耦合发展类型出现“体育高碳产业生态治理主导型”也就不足为奇了。

（3）化工、制药、煤炭和“其他”产业的元宇宙技术应用和体育高碳产业生态治理水平呈现出“重度失调”的局面。合理的解释是：在制度惯性和政策惯性的综合作用下，化工产业、制药产业、煤炭产业和“其他”产业的生态污染治理呈现出“生态游击战”的典型特点。只要国家生态治理形势宽松、生态法治约束减缓，这些产业的生态投资就会立即停止；只要国家生态治理政策趋紧、生态治理法律严苛，这些产业的生态治理投资就会采用“透支型”模式。所谓“透支型”模式就是指先从国有企业财政账户上透支“生态污染治理费用”，等到政策强制性减弱的时候，再从国家财政账户上填补账务上的透支额度。也就是说利用“透支型”模式可以实现“空手套白狼”的利润增长模式，是绝大多数化工产业、制药产业、煤炭产业和“其他”产业在实践中摸索出来的生态治理常态化战略模式。显然，在没有根本经济利益驱动的前提下，所有的污染治理最后都沦为政策弹性的“奴仆”，而生态污染的持续“断点性”恶化几乎成为中国化工产业、制药产业、煤炭产业和“其他”产业生态变迁的“新常态”，由此导致自然环境的持续污染、百姓生存环境的重度恶化。由于政府政绩追求的紧迫性和污染产业生态治理的“表面化”功夫，最终导致了元宇宙技术很难在化工产业、制药产业、煤炭产业和“其他”产业得到顺利应用，相关的政府财政性倾斜投资大多沦为这些产业员工的“隐形福利”和“节假日红包”。事实上，中国环境问题的“死结”不在资金的投入多寡上，而在于各种政策和理念的冲突上。当绝大多数人认为生态治理属于“阿罗不可能定理”范畴的时候，生态战略和生态技术就成为利益寻租的“阶梯和敲门砖”，真正“山川秀美的城乡一体化局面”就只能存在于想象之中。于是化工、制药、煤炭和“其他”产业的元宇宙技术应用和体育高碳产业生态治理水平呈现出“重度失调”的局面，也就不足为奇了。本次耦合协调度模型分析表明，中国生态污染治理的核心必须围绕化工产业、制药产业、煤炭产业和“其他”产业进行。总体来看，耦合协调度模型结果进一步验证了上述多元 LOGISTIC 模型的估算结果。也就是说，九大类体育高碳产业元宇宙技术促进生态治理的效度呈现出石油产业、交通产业、建筑产业相对较好，而化工产业、制药产业和煤炭产业相对较差的局面，这与多元线性模型估计系数相一致。

四、模型校验结果及说明

根据上文的实证分析及模型检验，可以得出如下基本结论。

在政策弹性约束下，元宇宙技术推动中国体育高碳产业生态治理水平呈现出显著的区域差异性。合理的解释是：中国的生态治理行为和过程在很大程度上属于“政策导向型”生态变迁模式，没有了可替代性的强力约束政策，中国的生态治理将沦为社会治理的附属工具。在宏观政策难以驾驭地方生态治理决策的前提下，各自为政的财政拨付战略又加剧了区域生态环境治理的差异性，最终使经济和技术上的弱势地区承担了生态环境污染治理的主要责任，而经济发达地区则规避了生态环境污染治理的次要责任。责任的不均衡直接导致了某些地区环境污染不断加重的必然态势，以致体育高碳产业生态治理战略的推进举步维艰。可见，在政策实践上向落后地区进行生态治理投资倾斜对于平衡空间治理水平差异化意义更大。

1. 云模型检验结果表明

体育高碳产业职工的生态文化素质、自然伦理学基础、隐性知识存量、工作积极性和创造性、员工科技培训经历、员工教育经历和家庭背景、员工政治身份和领导作风因素等对元宇宙技术下体育高碳产业生态治理水平存在着一定影响。在对上述定性要素进行语言值转换后，可以得到云模型语言转化“云值”，按照语言值数据做出云模型可以证明：各种不可预知因素对于元宇宙技术下体育高碳产业生态治理水平的提高意义重大。这就进一步验证了“元宇宙技术推动体育高碳产业生态治理”模型回归结果的稳健性。

2. 耦合协调度检验结果表明

火电和冶金产业的元宇宙技术应用和体育高碳产业生态治理水平呈现出“中度失调”的局面、主导发展呈现出“拮抗”特点；石油、交通和建筑产业元宇宙技术应用和体育高碳产业生态治理水平呈现出“初级协调”的局面；化工、制药、煤炭和“其他”产业的元宇宙技术应用和体育高碳产业生态治理水平呈现出“重度失调”的局面。这表明，中国生态污染治理的核心必须重点围绕化工产业、制药产业、煤炭产业和“其他”产业进行。九大类体育高碳产业元宇宙技术促进生态治理的效度呈现出石油产业、交通产业、建筑产业相对较好，而化工产业、制药产业和煤炭产业相对较差的局面，这与多元线性模型估计系数相一致。

第四章

元宇宙赋能体育现代化的应用场景

体育活动是由体育行为、体育理念、体育精神、体育教育、体育竞技、体育媒介、体育休闲等相关进程辩证统一的一个科学过程。元宇宙技术的应用有利于解决体育课堂教学中的泛媒介化问题、有利于解决体育水平测试过程中的冗余化问题、有利于解决体育锻炼效率的均等化问题、有利于解决体育资源配置的优化等现实问题。根据目前的发展态势，元宇宙技术主要在以下几个领域存在较为广泛的应用场景。

一、元宇宙技术在智慧体育教学中的应用

任何科学技术的进步本质上都是人类征服自然和改造自然手段的进步，任何体育科技的研发本质上都是服从和服务于体育教学和体育理念的行为和过程。对于各级各类学校来说，体育教学是核心任务中的核心，数以万计的学校里的体育教师整天忙忙碌碌，无外乎在践行科学社会主义的体育教育理念即“体育事业是人民的事业，体育教育的根本任务是培养社会主义现代化德才兼备的健康人才”。具体地讲，元宇宙技术在智慧体育教学中的应用又表现在以下几个方面。

（一）应用场景一：体育教学理念

传统的体育教学理念是建立在“管好”学生的价值观和基础之上的，这种貌似“一切为了学生、为了学生一切、为了一切学生”的体育教学理念实际上蕴含着巨大的“蒙特玛丽”陷阱，也就是说在“约束”学生身体行为的同时不知不觉限制了“教育主体”的主观能动性和激情创新行为。当我们眼中的好学生被定义为“听话”的时候，实际上所有的教育都已经失去了原初的价值和意义，因为“顺从”的另一个含义是“德行盲从”。新中国成立 70 多年来的体育教育理念始终没有离开“好孩子”“好学生”“好老师”等抽象的道德评价标准，这就不得不让我们思考，习近平新时代中国特色社会主义思想体育教学的根本目标是什么？一般来讲，体育教学的基本目标就是培养“身体素质、道德素质和知识水平”全面发展的一代新人。在当今科学技术飞速发展的时代背景下，元宇宙技术已经对传统的体育教育理念产生了巨大冲击。元宇宙体育以其增强现实技术再现了体育教学的丰富场景，使“好坏”评价标准受到了实践多样性和沉浸性的直接挑战。元宇宙体育的基本价值和理念如图 4.1 所示。

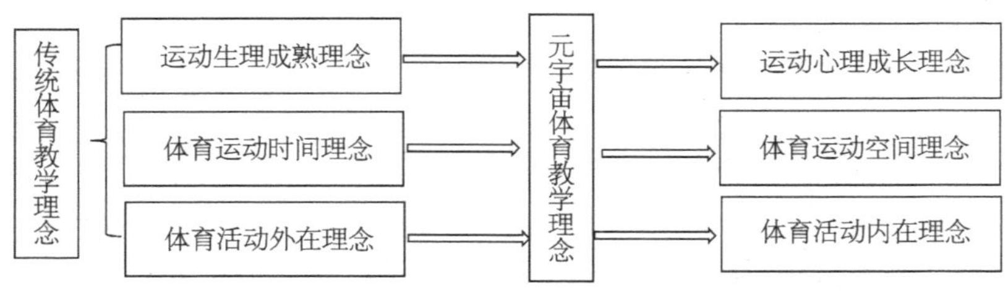

图 4.1 传统体育教学理念与元宇宙体育教学理念比较

（二）应用场景二：体育教学方法

方法是达到目的的手段，不择手段的方法选择不仅不能达到体育教学的基本目的，而且还会玷污被教育者的素质和灵魂。因为世界上本来就没有一种“普世”的技巧可以一劳永逸地坐享科技创新的显性红利。一般来说，传统的体育课教学方法都具有明显的烦琐式和程序化特征，比如先备课、教案选择、板书设计、教学内容安排、体育器械选择、教师惩罚性机制、上下课点名、无休无止的道德说教等。这种看似极为规范的体育课教学方法选择实际上蕴含着极大的“人才培养弊端”，也就是说按照这一套传统方法培养出来的学生充其量是一个“合格的半成品”，而绝非“精品”。社会主义体育教育的目标不是花大把的金钱培养一堆“合格的半成品”或者“赝品”，而是培养社会主义现代化的先锋队和高水平建设者。在此理念指导下，体育课教学必须适应时代的发展要求，不断推陈出新，展现中华民族伟大复兴的底气和勇气。在元宇宙技术的推动下，体育教学方法将会发生重大转变，诸多规范类、限制类和苛刻性的体育教学方法将逐步失去市场，而灵动多样的、姹紫嫣红的、感性直觉的体育教学方法将会大行其道。一般来说，元宇宙体育教学理念在方法选择上明显具有如图 4.2 所示的特征。

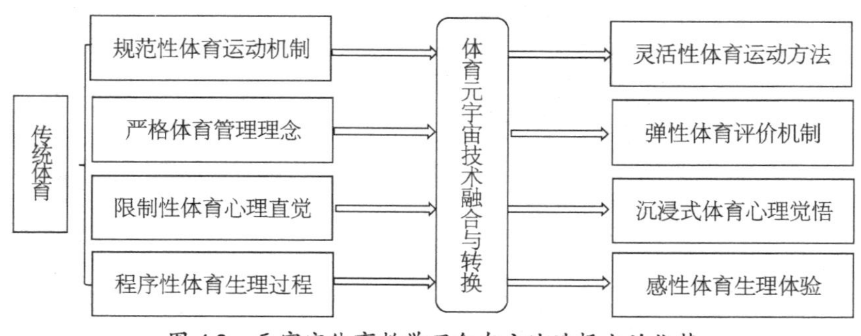

图 4.2 元宇宙体育教学理念在方法选择上的优势

（三）应用场景三：体育教学课程

在传统的体育教学课程的规约下，我们培养的绝大多数学生已经成为社会主义现代化的建设者和接班人，他们不仅具有良好的思想政治素质而且大多是各行各业的佼佼者。但是在科学技术快速发展的时代背景下，如果我们仍然死守落后的体育教育理念，那么我们所谓的课程设置不仅是违背人性自然和德行本真的，而且是与现代化体育教育目标背道而驰的。当我们把所有的“管制”理念渗透各级各类体育教育课程中的时候，我们就应该意识到这种“妄设”的结果，所以出现各种体育腐败问题、体育不公平问题、畸变体育问题、体育贿赂问题、体育人才流失问题、体育表演空心化问题、体育牟利问题等就不足为奇了。一般来说，元宇宙体育的教学课程设置必须体现以下规则和特点，否则就不是元宇宙体育（见图 4.3）。总体上看，元宇宙体育课程可以分为三大板块：一是元宇宙体育技术类课程。技术类课程是指在具体的体育训练和体育竞赛中所使用的研究类课程。比如，运动生理学本来是医学专业的毕业生所必修的一门课程，但是在元宇宙环境中，运动生理学必须成为高校体育专业学生的必修课程。如果这类技术类课程不能被元宇宙化，那么虚拟体验就成为空谈。所以说当代中国各级各类学校体育必须开设相关元宇宙体育课程，否则就会落后于时代的发展。二是元宇宙体育教育类课程。技术是手段，而教育教学才是过程。没有教育类元宇宙体育课程的推广，先进的科学技术就不可能为我所用，那么

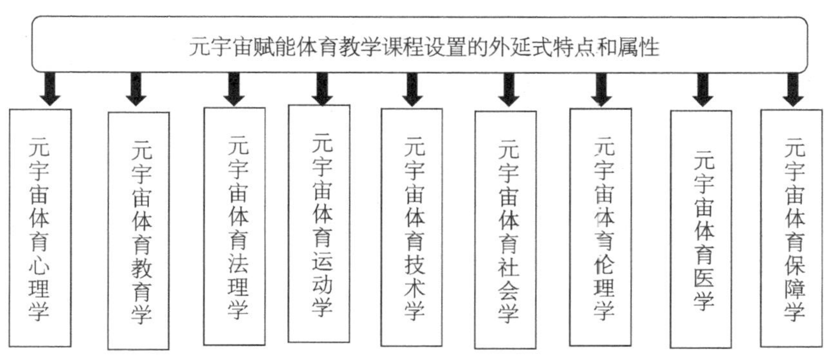

图 4.3 元宇宙体育在教学课程设置上的特点

推动元宇宙体育现代化就成为纸上谈兵了。三是元宇宙体育社会类课程。体育的根本目的并不是狭义上的“竞技”，竞技体育只是人类活动的极小组成部分。人类开展体育运动的根本目的是提高人类的身体素质进而开拓人性的善良和心理优化，在现代竞技体育被“非人性化”之后，体育元宇宙的出现将人性中的“较力”情结又打回到原初的“本真”，而这种体育价值的回归恰恰是科学技术进步给我们带来的最大“恩惠”。

（四）应用场景四：体育教学科研

体育科研是各级各类学校体育专业或者学科发展的科技推动力量。没有体育科技实力的增强就没有体育事业的快速发展，体育现代化和体育强国也就是奢谈战略。一般来说，较强的体育科研人才队伍、较大的体育科技研发投入、较多的体育科技发展基金、较完备的体育科技基础设施、较开放的体育科技研发理念等都与体育现代化事业的发展呈正相关关系；反之则呈负相关关系。就元宇宙技术赋能体育现代化的实践场景来看，元宇宙技术至少在如图 4.4 所示的几个方面促进了各级各类学校体育专业和体育学科的结构性变迁。其中在体育教学科研人才队伍区块链建设方面，元宇宙技术对体育教学科研的推动作用更为明显。

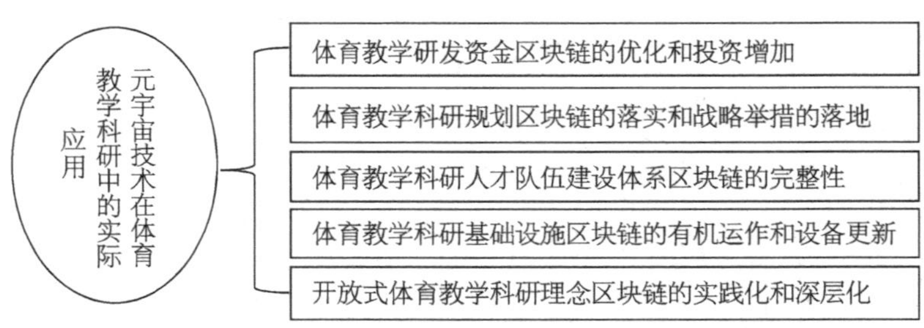

图 4.4　元宇宙技术在体育教学科研中的现实应用场景

二、元宇宙技术在体育考试中的应用

体育考试是指在各级各类学校或者培训机构中用来考察被教育主体体育锻炼水平和体育知识水平的专业测试形式和卷面考察等形式的集合体。一般来说，进入体育考试元宇宙的构成要素主要包括以下几个方面，即体育考试的外在组织形式、体育考试的科目和内容体系、体育考试的组织者系统、体育考试的监督系统、体育考试的成绩评定系统、体育考试的权威评价系统、体育考试试题和科目的输出系统等几个方面的内容。假定所有系统数据都是给定的，而且该系统外在能量支持系统运作正常，那么该元宇宙体育考试系统会在较高层次上推动各级各类体育学校和体育专业的现代化演进和精准化变迁。一般来说，元宇宙技术赋能体育考试规范化和标准化的应用场景主要集中在以下三个方面。

1. 元宇宙技术在体育考试复习方面的应用

苏霍姆林斯基曾经说过："学习就是对知识的回忆。"尽管苏氏的自我学习理论带有欧洲中世纪"自我价值"实现的痕迹和苏联计划教育体制的某些弊端，但是他所生发的复习技巧学说和复习价值理论一直到今天都仍然适用。一般来说，传统的体育专业和学科知识考试复习一般局限在体育训练项目本身的完整性和体育课程知识点的全面性。但是在科学技术方兴未艾的时代背景下，元宇宙技术已经被广泛应用于各级各类体育考试复习的方方面面，并取得了不菲的实践成效。具体来讲，这种应用场景可以用图 4.5 形象展示。

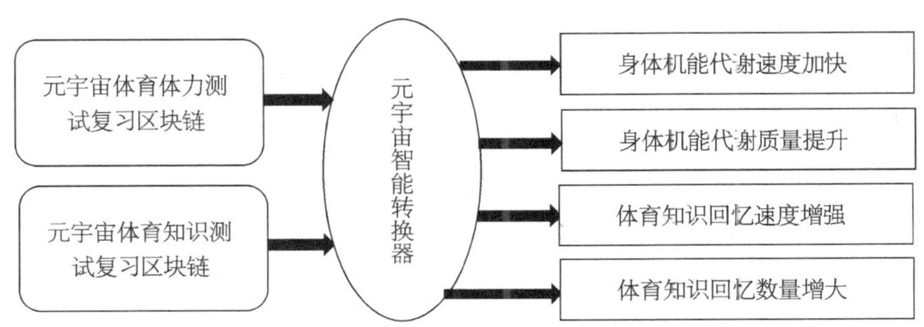

图 4.5　元宇宙技术在体育考试复习方面的应用场景

2. 元宇宙技术在体育考试组织方面的应用

体育考试需要有计划、分步骤、分阶段、分层次有序地进行才能真正考察考试者的实际体育素质和体育知识汲取能力。如果所有的考试者都采取千篇一律的考试试卷和考试项目，那么这种体育考试实际上无异于“协同开卷”。在当今泛媒体技术快速发展和元宇宙技术迅猛向前的时代背景下，各级各类体育运动主体机构都可以采用区块链分割技术进行体育动能和体育知识存量的测试。就组织行为学运作的基本逻辑看，利用元宇宙技术开展体育课程考试和体育项目考试必须特别注重整个过程的策划、组织和有效管理问题，否则基于电子数据的体育考试区块链就会呈现出信息泄漏、“愚钝化反应”“时滞化暂停”和“反应延迟”等突出问题。一般来说，元宇宙技术在体育考试组织方面的应用场景可以这样进行比例尺还原（见图 4.6）。

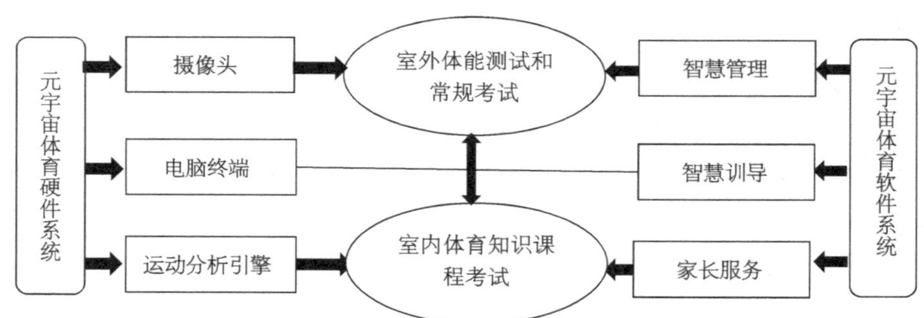

图 4.6　元宇宙技术在体育考试组织中的应用场景

3. 元宇宙技术在体育试卷评分方面的应用

体育教学和体育训练存在着天然的相关性，一方面任何体育教学天生存在着被检查或者被督促的“体育性格”和“体育偏好”；另一方面体育训练从一开始就是奔着“体育测试合格”目标而去的。在东方体育文化和西方体育文化存在显性差异的新时代背景下，试图通过结构性偏好和“利益裙带”实现体育竞技水平提高的想法都会遇到现实体育道德和体育精神的严峻挑战。抛开体育目标和体育课程的有机性争论后，我们发现体育训练成绩的“六级计分制”和体育知识论课程的“两级计分制”都存在着基于技术缺陷的考核不足和弊端。比如，考试评卷成本（物质性评卷成本和精神性评卷成本）的居高不下问题、考试评卷过程中监督缺乏问题、改卷体育老师的个人偏好性问题、试卷卷面分数的客观评定问题、试卷封存的安全性问题、考试题目的难度适中问题、体育训练测试标准的主观性问题等。这就提醒我们，在元宇宙场景下体育考试评价机制将会出现特殊的变化。具体应用场景如图 4.7 所示。

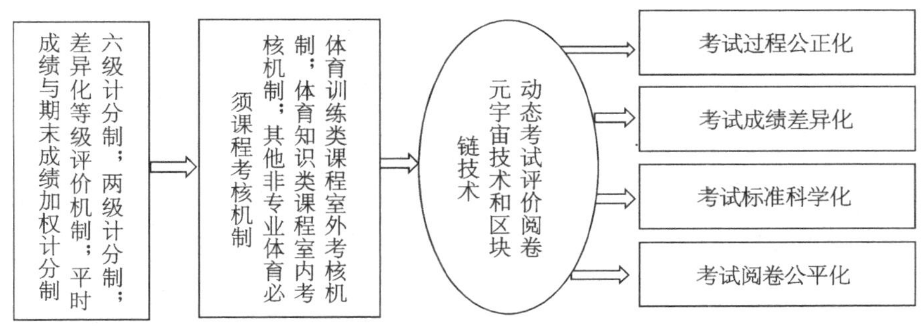

图 4.7　元宇宙技术在体育考试组织中的应用场景

三、元宇宙技术在体育宣传中的应用

在体育人类学意义上，所有体育活动都是人类生物学力量和数据化信息的交换过程。一方面体育活动参与者通过生理意义上的竞争不断提高人类应对自然界各种威胁的力量韧性和持久爆发力；另一方面人们在体育竞技中又会不断交换生物学博弈的标准化信息和战略性规划信息。比如，如何准备比赛的预先训练信息、如何提高跳高水平的肌肉耐力训练信息、如何提高举重水平的骨骼支撑力提升信息等。特别是在当今能量信息化的时代，不断发展的元宇宙技术正在对体育宣传和体育信息的交流创造难得的优化机会。具体来讲，元宇宙技术在体育宣传中的应用场景主要体现在以下两个方面。

（一）元宇宙赋能体育训练实况宣传的场景

一般来说，体育训练是新时代体育事业发展中极为重要的准备环节。可以这样说，在体育竞技已经开始的背景下，试图通过短时间的“临时抱佛脚”以达到比赛效果的想法是极为简单和粗糙的。因为现代体育竞技大多是强度、耐力、持久力、稳定力、速度、细微注意力、灵活运动力、柔性力量和智慧力等交互叠加的过程和行为。根据爱因斯坦的质能关系方程，物体运动的能量与质量和速度成正比，也就是说质量越大、速度越快，物体运动所产生的动能就越大。运用到体育训练过程中后，我们发现，要想跳得更高、跑得更快、打得更准、走得更远、进球更多、游得更远、扔得更远、举得更重等就必须不断加强身体力量、肌肉和耐力等的训练。“机会永远留给那些有准备的人”，实践证明那些做足了平时功夫的参赛者往往能够获得更大的成功；反之贪图平时安乐、战时乱抱“佛脚”的人往往很难获得比赛的名次。在元宇宙高度仿真技术的加持下，体育训练融合了更加科学快捷的训练方法和路径指引，使自学体育比赛项目已经成为一种最为低廉的体育资源投入产出模式。在元宇宙场景下所有体育项目的比赛过程都会以“区块链”的形式清晰展现，不仅如此，参与指导体育元宇宙中的客户还可以放慢甚至加快体育比赛进程，屏蔽掉自己熟悉的比赛过程和冗余动作，从而在最短的时间内获取最佳的训练技巧。基于此，各级各类体育训练机构必须不断提升本单位或者本部门的元宇宙体育技术水平，要购买有着优秀资质的元宇宙射频装备、短视频频现装备、声音传播装备、手柄控制设备和多维控制仪器等。唯其如此，元宇宙技术才能在最大限度上提升体育训练宣传的质量和水平。可以这样说，体育比赛就是体育训练信息扩散质量和水平的比拼。

（二）元宇宙赋能体育竞技实况宣传的场景

自古希腊奥林匹克精神在全世界广为传颂以来，人类很少知道体育竞技的所谓“更高、更快、更强”的精神诉求实际上是一种“高度抽象化”的体育竞技精神。这种“更高”中的“高”是一个泛化的“数量标准”；这种“更快”中的“快”是一种普遍化的速度要求；这种“更强”中的“强”是一种缺乏具体衡量指标的强度标准。那么怎样才能将如此抽象化的标准加以细化和可视化呢？元宇宙技术的现实增强技术和数字孪生技术可以帮助体育爱好者实现抽象目标的差异化和精准化习得。具体来讲，元宇宙技术赋能体育竞技实况的应用场景主要表现在以下两个方面。

1. 元宇宙技术在体育竞技实况转播中的应用场景

著名传播学大师德里达曾经说过："现场转播是距离观众最近的兴趣点。那些在感觉距离上超出了观众随机口味的比赛很难获得清晰的比赛记忆和动感冲击力。"也就是说，无论是田径类赛事、拳击类赛事抑或是跑步类赛事等，只要观众没有产生那种清晰再现的直观体验，其他的宣传口号抑或是宣传理念是很难产生优势宣传效果的，而那些拉进到眼前的赛事直播场景则能够产生高端的互动体验。具体来讲，体育赛事的实况转播过程一般都是借助于元区块链技术加以实现的（见图 4.8）。

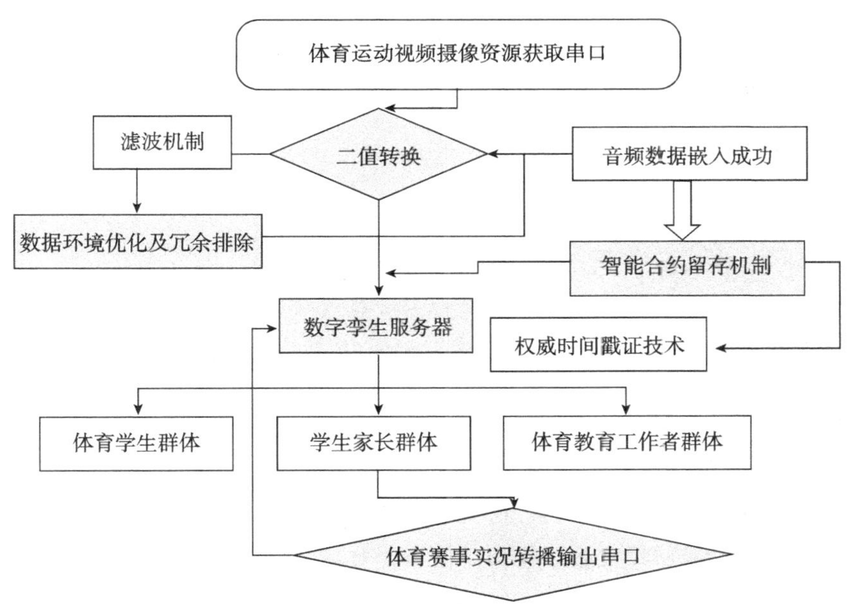

图 4.8　元宇宙技术在体育赛事实况转播中的应用场景

2. 元宇宙技术在体育竞技实况回放中的应用场景

"视频回放"技术实际上就是数据叠加技术的一种，其根本的运作机制表现在视频逆向追溯技术和清晰场景再现技术的结合与应月。在像素足够支持数据化的元宇宙技术氛围里，所有体育竞技的视频回放都是现代元宇宙技术发展的重要目标和方向。假定一种体育比赛短视频是以比特存留的方式展现自身的话，那么该短视频所蕴含的区块链技术实际上是一种“现实增强技术”。具体来讲，元宇宙技术在体育竞技回放中的应用场景特征如图 4.9 所示。

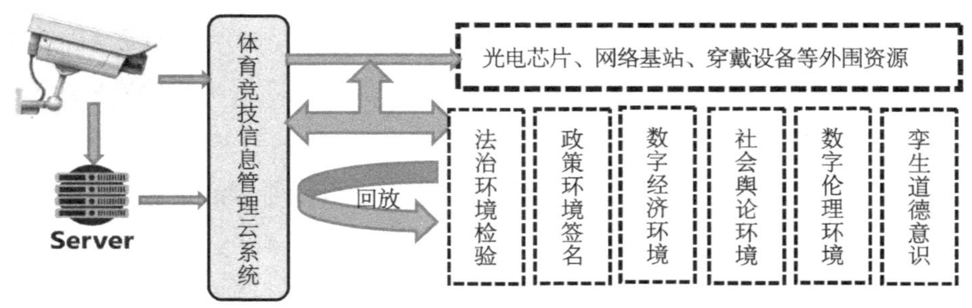

图 4.9　元宇宙技术在体育竞技回放中的应用场景

四、元宇宙技术在体育智慧平台建设中的应用

在科技哲学意义上，任何科学技术的进步都会在不知不觉中损害一部分人类群体的既得利益，并随之对另一部分群体的未得利益进行提前分割。比如，元宇宙技术不仅会对传统体育训练参与者、体育爱好者、体育教练员群体、体育教育工作者群体、体育休闲运动群体、体育管理者群体和体育边缘产品制造者群体产生现实的影响，而且还会对这些群体的未来利益可得性产生深刻影响。在注重现实世界与虚拟世界混合理念的时代背景下，基于元宇宙技术基础之上建立起来的体育智慧平台不仅优化了人类既得利益和未得利益的配置原则，而且对体育资源的底层化产生了积极的影响。具体来讲，元宇宙技术在体育智慧平台建设中的应用场景主要包括如下两个方面。

（一）元宇宙技术在体育健康数据平台建设中的作用

健康问题是人类最为基本的生存和发展问题之一。一个民族或者一个种族的健康数据事关该民族在蓝色星球上生存和发展的空间开拓和时间延展问题，如果一个民族的基因图谱被别有用心的组织或者个人恶意开发和利用，那么针对这个民族或者种族的生物武器就会被很快开发出来。在较为保守的体育伦理学意义上，没有任何一个组织或者个人能够对其他一个族群全体产生致命的威慑力和破坏力，但是道德的自由原理一再告诉我们，过分乐观的博弈研判必然产生不可预知的灾难后果。进入21世纪以来不断兴旺发达的元宇宙技术看起来只是一种身心体验技术，实际上这种技术更加广泛的影响力在于它的生命伦理学价值。自此以后，各级各类体育训练机构、体育教育组织、体育管理部门、体育练习个人都必须牢记这样一条真理，那就是构建民族体育健康数据管理元宇宙平台是实现中华民族伟大复兴的重要环节。

1. 要在人口可持续发展理念下研发体育健康大数据平台

所谓“人口可持续发展”是指一个国家或者民族的所有人口在不分空间和时间概念的前提下能够实现自我循环和自我更新的现象和过程。也就是说如果一个国家或者民族的人口呈现较长时间的“负增长”局面，那么这个国家或者民族就会自动退出历史舞台，进而在较为漫长的实践历程中被“轴心文化”所淘汰出局。从当今世界各国的人口再生产战略来看，欧洲国家和俄罗斯等国已经持续出现这一现象，而中国从2020年开始已经出现人口负增长的加速现象，尤其是2023年相比2022年少出生了将近300万人。在人口死亡率相对增加而人口出生率持续下滑的新时代背景下，世界百年未有之大变局的应有内涵得到了实践层面的真实体验。不仅如此今年国家统计局的数字一再表明，大量农村地区尤其是落后地区出现了“越穷越生、越生越穷”的局面。那么怎样才能在人口不断增加甚至缓慢提升的前提下提高全民族的身体素质呢？可以说借助于元宇宙技术的推动力量可以起到一定的积极作用。一般来说，要在人口可持续发展理念下研发体育健康大数据平台必须构建元宇宙顶层设计平台，实现各级各类体育资源的均衡化供给。这种平台必须保证健康AI的合理化应用、必须厘清机器人体育运动和生物人体育运动的外在嵌入性和内在一致性，不能将民族体育健康大数据信息向外国媒体和组织进行任何的泄漏。否则元宇宙技术的人口生态负效应将会被无限放大，而体育现代化愿景将很难实现。

2. 要在民族安危存亡的理念下构建特有的中华体育健康数据元宇宙平台

所谓“民族安危”是指一个国家或者地区在发展过程中遇到的“人性危机”和“道德危机”现象及其由此引发的各种社会乱象问题。中华民族自近代以来的历史一再证明，民族复兴的哲学思维永远无法超越民族危亡的整体战略，这是因为一个国家或者民族的富强和独立始终是第一位的国家战略因素，而民族安危存亡则是民族复兴得以实现的先决条件。可以想象的是，失去了民族独立性的国家怎么还能够大谈民族富强甚至民族复兴呢？基于此，在中国周边国际关系和国际环境急剧变化的时代背景下，唯有借助于不断发达的科学技术，才能实现体育文化和体育精神的现代化变迁。基于元宇宙技术建立起来的中华体育健康数据平台应该包括如图 4.10 所示的几个方面的内容。

（二）元宇宙技术在体育国际化交流平台建设中的作用

约瑟夫·奈在《美国世纪结束了吗？》一书中曾经指出："全球化是一个极具争议性的概念。如果将国家之间的竞争附会成软实力竞争的话，美国的世界霸主地位实际上早已经结束了。因为美国独有的文化体系实际上是拷贝了世界各国文化体系表象的庸俗体系，这种文化表象实际上与各主流文化中心的文化瑰宝没有任何有机联系。"[①] 联系当今世界各国发展元宇宙体育的政策和相关措施，我们发现约瑟夫·奈鲜明指出了体育国际化时代体育竞技交流的文化制约因素和外在环境条件。没有交流就没有进步，没有比较就没有动力。在东西体育文化存在显性差异的时代背景下，元宇宙技术中的集合算法机制、资源调取机制、人工智能算法机制和卫星通信机制等都需要在全球范围内广泛合作才能实现，单一的体育信息展示平台和体育赛事直播平台很难在全球范围内取得高效的宣传效果和未来收益。总体上看，元宇宙技术在体育国际化交流平台建设中的应用主要表现在以下两个方面。

1. 元宇宙技术在体育国际化精神交流方面的应用

所谓"体育精神"是指体育活动在其价值层面所生发的生理学意义、心理学作用和文化氛围烘托取向。就精神的自由属性来说，体育国际化交流是体育活动参与者情绪体验的最佳场域。正所谓"从物理人到数字人再到沉浸人，让人的思想情感、认知体验、创新思维、现实需求等方面得到了超越现实空间的

① 约瑟夫·奈．美国世纪结束了吗？[M]．邵杜罔，译．北京：北京联合出版公司，2016.

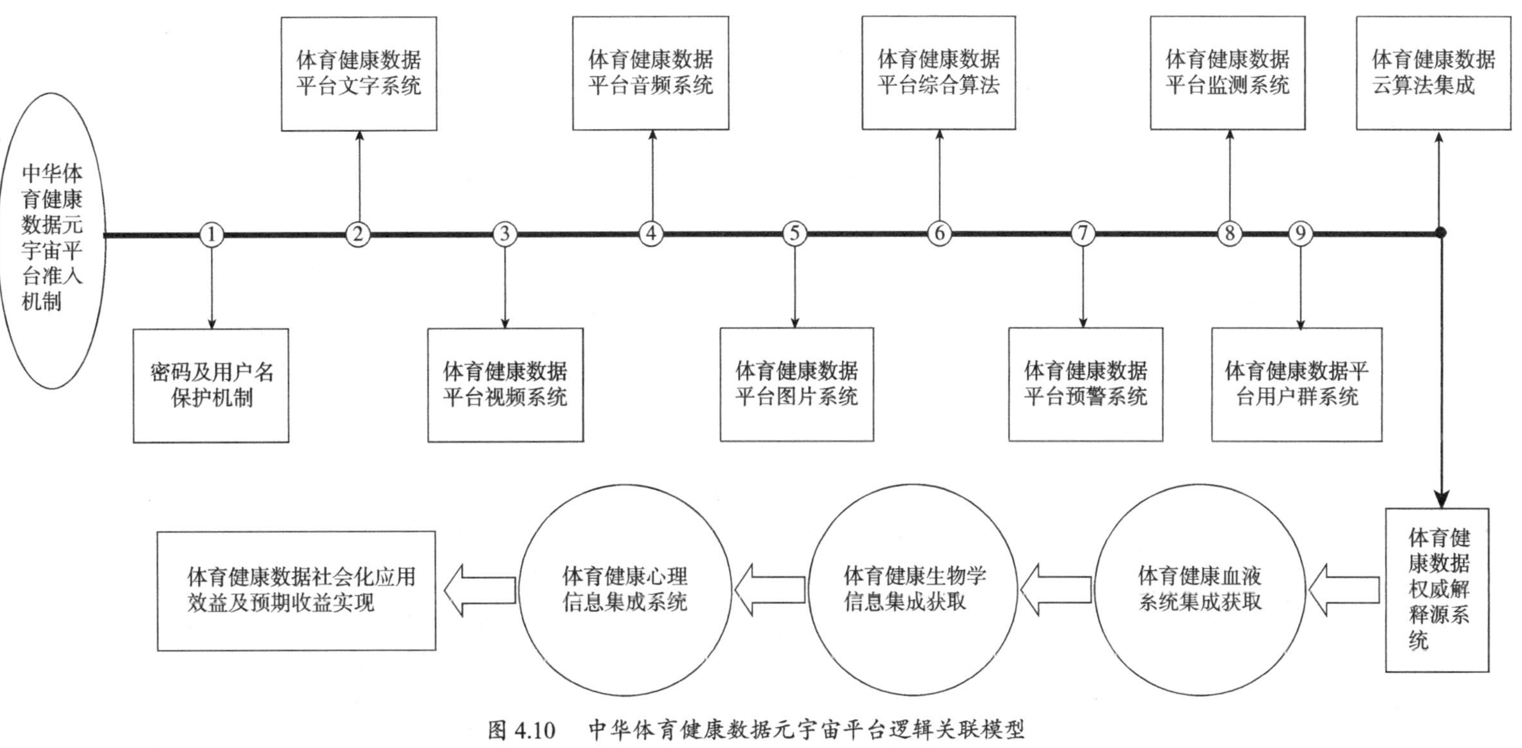

图 4.10　中华体育健康数据元宇宙平台逻辑关联模型

自由延伸”①。有学者甚至将这种自由延伸为“乌托邦”式的道德幻想，即“人们试图运用现代科技去建构一个能够有精神归属，并能够使人们得以生存下去的虚拟的乌托邦世界，一个‘互动世界、娱乐世界、资讯世界终将合而为一’的超越现实的虚拟世界”②。事实上只要符合现象学意义上的“符号”属性，充足地阐述道德自由可以说是体育科研工作者必须具备的一门功夫。正如约翰·奥尼尔所讲的“我们不仅有‘生理的身体’，同时具有‘交往的身体’，前者是道德实体，而后者则是社会交往和体验的符号”③。除去奥尼尔思想中的符号哲学内涵，我们发现在元宇宙技术体育平台下，国际交往的深度和广度将会快速拓展和延伸，而人类所有的感官运动体验都会随时随地择机发生，由此必然引发体育国际化精神交流方面的平台建设更加规范化、科学化、精准化和“去中心化”。各级各类政府组织和非政府组织一定要牢记元宇宙体育的精神传播价值，要在国际舞台上“讲好中国故事”，表达“中国声音”，要让中华传统体育精神在新时代散发出耀眼的光芒。

2. 元宇宙技术在体育国际化文明化交流方面的应用

近年来，众多体育科研工作者一直从事有关“体育文化耦合”问题的研究，绝大多数学者认同“科技发展能够加深世界各国在体育文明化方面交流深度”的思想。文化耦合论者甚至指出，国内体育产业和国际体育产业之间存在着“耦合”、国内体育投融资机制和国际体育投融资机制之间存在着基于金融生态化的“高度耦合”、国内民间体育赛事和国际体育民间赛事存在着基于民间非政府组织文化的“广域耦合”、国内休闲体育精神和国际休闲体育精神之间存在着“耦合”、国内体育管理机制和国际体育管理机制之间存在着“制度化耦合”、国内体育人才培养机制和国际体育人才培养机制存在着目标方向的“耦合”、国内体育奖惩机制和国外体育奖惩机制之间存在着“实体耦合”。“耦合”本来是一个电学概念，后被移植到体育文化传播领域，泛指体育要素

① 张爱军，贾璐 . 元宇宙中促进人的自由而全面发展 [J]. 中国特色社会主义研究，2022,168(Z1)：97-105.

② 师晓娟，孔少华 .“元宇宙”发展逻辑及其对数字文化消费的影响研究 [J]. 首都师范大学学报 (社会科学版)，2022，268(5)：66-73.

③ 约翰·奥尼尔 . 身体形态：现代社会的五种身体 [M]. 张旭春，译 . 沈阳：春风文艺出版社，1999.

在不同协调层次上的契合水平和融合意识。就体育想象力的激发环境来说，元宇宙体育将在空间社会性方面、时间倒追方面、时空交叉领域、情绪感染领域、体育培训机制领域等呈现出高端的内外沟通需求和交流合作本性。如果一国发生的体育赛事不能以最快的速度传播到世界的各个角落，那么体育元宇宙平台的建设就失去了原初的存在价值和意义，而进入元宇宙平台中的客户就会因为“道德不文明”而被拒之门外。正如杰姆逊所指出的：“以时间换空间是一种体育文明，以空间换时间则是一种权力文明。在体育后现代主义文化方兴未艾的背景下，倡导公共体育的虚拟化和共情化体验是加速文明国际化的一大利器。”[①]具体来讲，元宇宙技术在体育国际化文明化交流方面的应用场景如图4.11所示。显然在元宇宙技术的赋能下，国际体育赛事、体育运动、体育文化、体育道德、体育价值、体育人才、体育科技等都获得了最大化的优势互补，从而满足了人类发展体育运动、增强人民体质、爱好体育文化和弘扬体育文明的激情和诉求，其实践意义不可小觑。

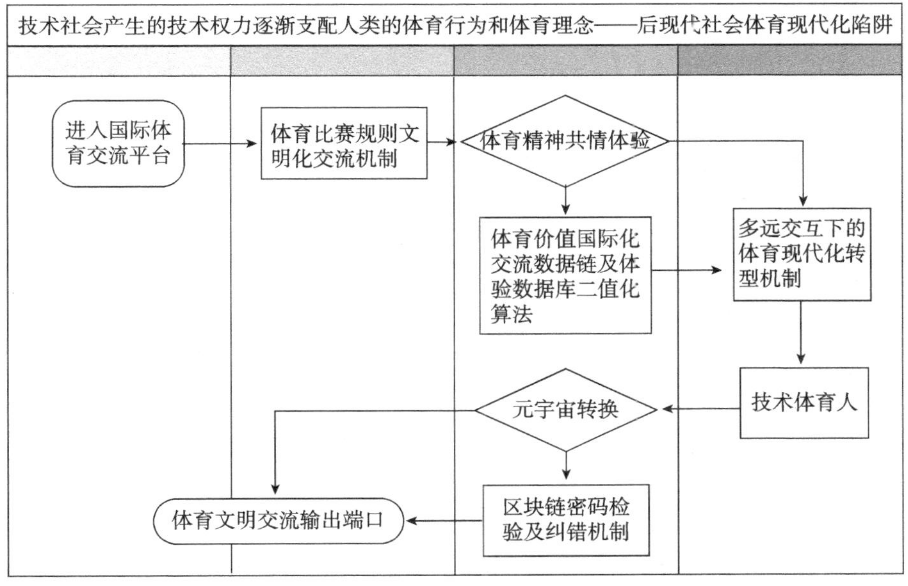

图 4.11 元宇宙技术在体育国际化文明化交流方面的应用场景

① ENTWISTI,E James.Fashion and the fleshy body:Dress as embcdied practice(J).Fashion Theory，2000，4(3):323-347.

第五章

元宇宙赋能体育现代化的风险挑战

任何一个国家体育事业的发展有且只有借助于各级各类技术的辅助才可能实现低成本、高收益、低风险、高回报、适度市场化和高度安全性等体育运动的目标。在元宇宙技术快速演化的今天，体育活动与元宇宙技术的高度融合必然面临各种不可预测的市场化风险、法治风险、制度性风险、伦理道德风险和技治化风险。

一、元宇宙赋能体育现代化的数据市场化风险

应用于体育产业、体育竞技、体育休闲、体育评价、体育监控和体育多元化导向的各种数据本质上都是具有价值中性的可存储性数据，这些数据牵扯到国家机密、个人隐私和团体声望，如果政府部门以及非政府组织没有意识到或者很少意识到体育数据市场化的重大风险，那么将元宇宙技术客观上应用于体育事业的发展就会沦为空谈。具体来讲，存在以下体育数据市场化风险。

（一）体育元宇宙数据市场存储风险

在数字世界中，所有的图片、文字、视频和平台等都是以“数据”的形态加以浏览和保存的，根据数据保存的一般原理，不同的电脑终端、不同的存储设备、不同的元宇宙手柄操作者、不同的时空节点、不同的保存技术等都会产生不同的“BUG”存留和数据信息。在纷繁复杂的体育运动中，这些数据不仅具有时间过时可能而且具有空间外溢机会。如果数据交易双方均遵循普遍的善良义务和自律本能，那么这种交易的安全性是完全可以放心的，但是在实际的体育运动数据交易过程中，这些看似非常安全的交易过程却隐含着极大的“技术漏洞”。造成这些元宇宙数据市场化风险的原因包括如下三个方面。

1. 存储介质的时间相对性原理

所谓“存储介质的时间相对性原理”是指世界上任何体育活动数据的元宇宙化会产生市场化过程中的存储“断裂”现象，比如，按照乔布斯公布的芯片制作原理和“硅片”放射性时间衰减原理，世界上纯度最高的芯片也只能在物理意义的 70 年内完全辐射完毕。也就是说再过 70 年后所有芯片都将因为辐射耗散性而失去其物理和化学上的应用价值。当芯片介质失去物化存储意义之后，所有的体育活动数据都可能失去追溯和 COPY 的可能性，正是由于数据存储和

交易的正当性是以数据的显性存在为前提的，所以世界上绝大多数国家的金融数据、军事数据和国际关系数据、体育运动数据等均采取了“大型服务器”和“时间节点”模式，也就是说要在特定的时间节点采用“放水”的方式将原有的体育活动数据“慢慢流淌”到新的“核心服务器”之中，此时体育运动数据的时间可持续性得以轻松实现。但是如果国家与国家之间一旦发生战争或者出现相互敌对的行为和现象时，所有的跨境体育活动数据的存储就会出现“断层”或者失真，此时普通公民的体育运动记录就变成了“利维坦式”的普利夺游戏，而公民信息的泄漏就不可避免。这种信息的泄漏可能为战争提供准确的目标信息，其生命存在学意义极为重大。

2. 存储介质的空间位移损耗机制

从本质上看任何数据都具有先天的“运动”本体，也就是说体育运动数据不仅可以实现单次或者多次交易，而且可以实现整体或者部分的空间性交易。数据的空间位移原理与现实世界中的“物理位移”原理完全不同，因为体育运动数据的空间位移“运输”介质是各种U盘或者硬盘，而物理世界物质“流动”的方式则是千差万别的，比如汽车、火车、动车、飞机、坦克、导弹、原子弹、空天飞机、宇宙飞船、卫星等均采取物理移动的方式。除此之外体育运动数据存储的流动性会突破空间主权规约的限制，可以在瞬间完成所有数据的“打包”买卖，从而为交易者带来不菲的信息边缘收益。就交易风险来说，体育活动数据存储介质的空间位移必然带来以下两类风险：一是传输设备风险。当传输设备突然停电或者遭遇其他不测的时候，正在免密交易的数据就可能出现“比特残缺”，即便下次通电传输的节点非常顺畅，也难以实现无缝连接，所以说“电能”是元宇宙环境运行的第一物理条件。二是传输人才风险。负责传输数据的“管理员”必须具有极高的“技术性伦理道德修养”，如果技术人才的使用出现“叛徒”，那么这种传输可能面临“天价”的财产性损失风险。所以说像腾讯、谷歌、360、搜狗、百度和微信等交易平台均采取了“空间位移集约式监控”机制，也就是说要在用户最松懈或者最休闲的时间段进行体育运动数据的“静默式”转移，此时企业高管和技术管理者必须同时在场，有时还需要第三方监控者实时监督体育活动数据的传输和转移。

3. 存储者的德行可变性原理

所谓“德行可变性”是指人性深层之中都是具有不可度量和不可预测的属性和特点。比尔·盖茨曾经非常信任其下属职工的工作积极性和工作态度，但是当外部利益诱惑足够大时，乔布斯的反应和马斯克的评价便出现了极大的反差。这些活生生的教训告诉我们，即便是最信赖的交易伙伴，仍然存在着“德行可变性”的问题。马克思主义一直强调的“思想政治素质”和“核心价值信仰”原理其实都是在寻找“可靠的道德同伴”。特别是在技术交易瞬息万变的新时代，技术人员的德行直接关系普通体育运动爱好者的交易热情和交易规模，所以选择好的技术管理人才就成为元宇宙企业发展的第一要务。一般来说，人性的技术风险又表现为两个方面：一是人性恶的“恶意”风险。有些技术人才之所以进入元宇宙行业就是因为巨大的“利润空间”，也就是说当贩卖体育活动数据有利可图的时候，这些人才的潜意识就会出现一种类似于亚里士多德“洞穴假象”的风险尝试，比如在没有第N方监管的前提下销售体育运动核心数据，从而获取财产性收益等。二是人性善的“善意风险”。有些时候善良和恶意只在一念之间，正如爱尔维修所说，“人是什么？一半是天使，一半是野兽”。也就是说当时空条件均已具备的时候，再优秀的员工都有可能“反水”。尽管有些员工生性善良，与人修好，但是这种善意可能成为“有目的数据犯罪”的“良师益友”，所以说在体育活动数据的保存领域要培养“两眼无情”的技术“冷面人”，否则复杂的人情世故足以毁掉交易数据的安全性存储机制。

（二）体育元宇宙数据市场交易风险

体育数据元宇宙化不仅存在着市场存储性风险，而且存在着市场交易性风险。具体来讲，这种交易风险又表现在以下三个方面。

1. 交易程序性风险

所谓“交易程序性”风险是指体育元宇宙数据在不同政治主体、经济主体、法律主体和道德主体等之间进行转移过程中出现的程序性失真或者过程性失误等现象。在现代市场经济快速发展的时代背景下，任何数据性的“现实性”都会与传统的数据“现实性”存在极为强烈的抵触和拮抗情结。比如，体育会计在结算体育企业年产值数据时必然会遇到年度净利润和毛利润之间的差额问题，如果企业总资产收益率始终维持在前一年的较低水平，那么企业投资者就会将专家研判数据结合自身的偏好进行存档保存，这类数据一般来说构成了体育企业经营的结构性内容，因此是不能随便向社会主体透露的。但是如果存在数据买卖可以获得超额利润的可能，这类数据的泄漏几乎是不可控制的。最为精明的电脑操作者只能做“事后的诸葛亮”进而永远无法成为现实版的“先知者”。基于此，程序性体育运动数据的批量泄漏就成为体育元宇宙发展过程中必须高度重视的问题。如果绝大多数的市场主体不认同体育数据对于自身发展的重要性，那么这种持续性泄漏将一发而不可收拾。这样做的直接后果是将所有体育产业数据都成为隐性公开的“显性秘密”，这样一来，必然给体育活动的元宇宙化带来严重影响。

2. 交易结果性风险

当元宇宙体育数据经过了严格的程序化处理之后，必然会产生两种结果：一是已经达成交易数据的安全性问题。对于已经达成交易数据的安全性问题，学术界和投融资界均采取了“默认安全”的策略。也就是说作为“数字商品”的体育产业数据已经“卖出去了”，因此由这些数据产生的边际负效应就必然不会成为“数据销售方”的过错，而应该是“买方责任”。但是无论是谁的责任，体育元宇宙数据一旦泄漏必然会被某些电脑黑客所充分利用，此时各级各类体育企业的经常性账户、流动性资金基数、投融资和债权数据、企业远景战略规划数据、企业员工个人数据就成为“没有公开的秘密”了。二是没有达成交易数据的安全性问题。尽管有些谈判的进展并不顺利，而且买卖双方都对于体育元宇宙数据的预期收益率存在误判和“盲区”的可能性，但是现实中仍然存在着交易失败的情形，而且也有些交易失败并不是出于交易双方的本意，而是由于各种不可预知变量随机参与的结果，此时体育元宇宙的初始数据事实上已经“外溢”了。比如，体育企业的产品质量检测报告、企业环评报告、企业诚信报告、企业福利待遇标准、企业外部投资额度等。这些数据的泄漏是极为危险的和充满挑战的。

3. 交易寻租性风险

所谓“交易寻租性风险”是指在交易双方经济伦理修养维持在特定水平的前提下，当事人为寻求最高的机会收益而采取的“黑箱操作性”风险。

（三）体育数据元宇宙化的市场价值评估风险

体育元宇宙数据的评价和价值评估问题始终是体育产业发展的重要战略问题。一个不懂得评价的体育企业不是一个成功的企业；一个只知道蝇头小利的体育元宇宙企业不是一个成熟的企业。在世界百年未有之大变局的新时代，要想降低体育元宇宙数据的市场评估风险，必须坚持“数据为本，安全第一”的风险控制原则，否则持续而不可控的数据风险便会接踵而至。

1. 体育元宇宙数据市场评价标准化风险

所谓“体育元宇宙数据市场评价标准化风险”是指用于评价体育元宇宙数据的所有指标体系、标准化过程、评价模型、评价机制和评价结果衍生的风险。就通行的体育元宇宙数据评价指标体系来说，一般包括 3 个一级评价指标、8 个二级评价指标和 24 个三级评价指标，但是与快速发展的元宇宙体育数据市场化趋势相比，明显存在着评价指标体系粗糙、数据标准化过程简单、评价模型设计失当、评级机制“中心化”明显和评价结果失真的风险。客观来说，这些风险的酿生与模型设计者的数理经济学修养有关、与模型误差修正的上下限概率有关、与政府权力部门对模型评价的约束机制有关、与法律盲目涉足体育经济学微观运作机制有关、与标准化过程中使用的最大最小化（最小二乘法）有关。避免这些内外部风险的产生必须在一级评价指标体系中加入体育元宇宙数据市场外部经济舆评打分指标、必须用预期剩余寿命原理构建渐趋衰减的体育元宇宙数据市场化风险评价机制、必须在误差修正模型中加入“最大化最小概率机制”、必须屏蔽公权力在模型设计中的潜在影响、必须优化体育元宇宙市场化法理“容错机制”、必须将结构性预期收益和非结构性理财收益结合起来，否则体育元宇宙数据市场化评价者将很难进行科学的评价而普通民众也很难接收到合理合法的体育元宇宙数据市场化准确信息，由此导致的市场混乱将颠覆传统的“市场无序”认知。

2. 体育元宇宙数据市场评价代际风险

所谓“体育元宇宙数据市场评价代际风险”是指不同专家、不同单位、不同时代的评价者对于体育元宇宙数据评价的差异化而产生的风险。评价一种数据市场化的短期收益、中期收益和远期收益不能紧紧依靠体育产业本身的发展现状和特点，而必须紧密结合时下的专家构成规则、法律规范性文件、时代发展标准等外在不确定性因素。因为如果专家团队的总体评价“底线”很容易被时代哲学化所困扰，那么所有的评价标准都将失去存在的价值和意义；如果所有的体育企业都采用一种体育元宇宙数据市场化评价标准，那么企业差异性评价指标体系的建立就会毫无意义；如果体育元宇宙数据市场化评价失去了时间性约束指标，那么空间弹性变量将决定体育企业的现代交易和未来发展，其经济生态破坏性不言而喻。所以合理规避体育元宇宙数据市场化的诸多风险需要社会各界、体育产业界、体育学术界、体育教育界、体育市场管理部门、体育产业数据化监管部门、先进体育国家、国际体育组织和民间体育团体等相互沟通、相互协作、彼此照应、互通有无才能顺利达成。那些关起门来闭门造车的“传统数据市场化”行为都是与迅猛发展的科技时代背道而驰的，都是应当避免的。

二、元宇宙赋能体育现代化的法权化风险

所谓“法权化”风险是指因为法理时间性和空间性制约而产生的机会性风险。尽管我们国家对于实体企业发展和数据企业的演化设置了极为严格的法理性监管程序和法律惩罚性机制，但是在体育元宇宙领域仍然存在着各种各样的法权化风险。比如，在某些领域存在的“体育代币”黑箱操作风险、第三方交易性比特币风险、数字货币流通性风险、纸质代币的损毁式风险等。尽管这些风险并不一定必然产生法律纠纷，但是当违法犯罪者的道德底线被无情穿透的时候，连锁式“滚雪球”风险就像“蝴蝶效应”一样快速外溢，此时法理性约束机制就会成为某些既得利益者的“获利契机”，而普通体育元宇宙代币的购买者就会成为“冤大头”。一般来说，这些法权性风险主要表现在以下两个方面。

1. 基于元宇宙体育产品的法理性纠纷风险

法理性纠纷是指基于合法性问题而产生的法律纠纷，纠纷双方对于该体育产品的法理渊源存在不同的评判标准，各方各持己见很难达成道德和法理上的

一致性认知。体育产品多种多样，可以说在体育运动产品领域、休闲体育产品领域、体育股票投资企业领域、各种体育产品交易平台领域、体育跨国贸易平台领域、体育文化产品传播领域、体育精神有偿宣传领域均存在着基于不同观念和认识的法理性纠纷问题。在体育元宇宙产品的交易领域同样存在着各种各样的法理性纠纷，比如体育元宇宙手柄的销售价格和实际交易价格的“剪刀差”问题、元宇宙视觉传达系统的国际辐射性标准化问题、体育元宇宙场地租赁的交易纠纷问题、体育元宇宙人才流失的“挖墙脚”问题等，都属于体育元宇宙领域存在的产品纠纷现象。尽管我们国家尚未对元宇宙进行“赋权”，但是学术界在体育元宇宙领域一直存在着各种各样的权利诉求学说，比如“权利约束说”“用益权说”“场景化界定说”“有限产权制度说”和“国家所有说”等。一般来说，对于因为元宇宙产品生产、销售、流通和交易而酿生的法理性纠纷风险可以参照相关的民事和刑事纠纷案件进行处理，而不能由纠纷双方私下解决。

2. 基于元宇宙体育数据纠纷性法律风险

“数据”和“信息”是两个不同的法理概念，学术界曾经总结出“数据包含信息”“信息包含数据”和“信息和数据混用”等三种外延关系，并且强调在国家法律没有对“数据”进行赋权的背景下，私法上并没有对各种信息纠纷和数据纠纷进行明确的界定。有学者认为“数据作为生产资源，本应具有财产权益属性”[①]，也就是说因为数据产生的法律纠纷应该被视作民事纠纷，但是也有学者认为“就互联网平台数据而言，作为数据生产者，数据在产生时即处于被平台占有的状态，并自然地被平台所使用、处置和产生收益，数据也已经成为市场交易的对象，这已经成为产业的现实并对数字经济的持续发展产生正向激励”[②]，而“信息具有天然的流通共享属性，除人格权法中的隐私权和标识性人格权，以及知识产权等以外的信息，人类几千年来并不提供任何私法上的保护（公法规制在此不论），将之悉数置于公共分享领域”。可见之所以在数据和信息之间产生诸多争论是由于所有互联网信息都是以底层“数据”的形态存在着，因此基于产权意义上的信息保护实际上就是“网络数据的保护”。这

① 梅夏英．企业数据权益原论：从财产到控制 [J]. 中外法学，2021（5）：1188.

② 张喆，郭凌云．互联网数据纠纷问题与纾解——基于互联网内容平台数据视角 [EB/OL]. https://www.360kuai.com/.

也提醒我们，在元宇宙体育产品数据化市场领域，必须警惕因为法理问题而产生的纠纷的可处理属性和外在影响。对于影响较大的互联网数据纠纷还是应当比照相应的知识产权法和《中华人民共和国民法典》等进行处理。

三、元宇宙赋能体育现代化的利益配置风险

所谓“利益配置风险”是指由于元宇宙体育企业利润分割造成的争议性风险。由于互联网经济是一种注意力经济，用户浏览某些平台的体育产品实际上就是在“隐性购买”这种体育产品的外在形象和内在品质。假定这一交易没有实现，但是平台会根据流量和用户群给转发者或者“平台产品宣传者”派发利润。这种经营形态类似于“虚拟经济”又好像是“皮包经济”，但事实上利用各种网络平台宣传各种体育运动产品也是符合《中华人民共和国合同法》和《中华人民共和国电子信息法》的。总体来看，这种利益配置风险主要表现在以下两个方面。

1. 体育元宇宙产品定价式利益配置风险

所谓“定价式利益配置风险”是指由于体育元宇宙产品定价机制而产生的风险。比如，定价主体私自抬高体育元宇宙产品价格而导致的消费者利益损失性风险、由于定价专家系统信息不对称而产生的定价失真性风险、由于定价时间超过或者晚于产品实际交易过程而产生的定价风险、由于定价标准缺乏科学论证而产生的体育元宇宙产品“垄断性”风险、由于定价环境显失公平而产生的随意性风险等。产生这些风险的原因无外乎有以下两个方面：一是由于消费者对体育元宇宙产品外围属性缺乏全方位认知而导致的。世界上根本不存在绝对信息对称的市场交易行为，因为如果所有的人对某一产品的所有信息都了如指掌的话实际上就等于“所有的人对所有的产品价格都一无所知”，正如“给你整个世界实际上你仍然一无所有一样”。正如片面信息认知必然产生片面价格逻辑一样，所有元宇宙产品的消费者必然会遇到各种各样的利益配置风险。二是由于体育元宇宙产品和普通产品的定价标准化出现了“落差”。一般人对于元宇

宙产品的认知往往存在于“想象”的层面，而客观上购买体育元宇宙产品及其附属产品同样需要付出“货币”代价，即便是在等价交换盛行的市场里边，各种交易风险仍将不断产生。

2. 体育元宇宙产品非财产性利益配置风险

所谓“非财产性利益配置风险”是指各种虚拟经济产生的体育元宇宙产品销售和流通风险。比如，通过炒作体育元宇宙上市企业股票而产生的“资金不可赎回式”风险、通过炒作体育元宇宙基金而产生的投资流失性风险、通过炒作体育元宇宙期货而产生的远期利益损失风险、通过购买体育元宇宙企业债券而产生的预期收益风险等，都属于非财产性利益配置风险。产生体育元宇宙产品非财产性利益配置风险的原因主要是由于“实体经济和虚拟经济”的交易差异化。因为实体经济是通过各种财产性收入来优化资产收益的，而虚拟经济是通过各种非财产性收入来升华客户的资产配置机制的，不同的收益配置逻辑必然产生不同的利益分割机制。一般来说，任何元宇宙体育企业必须通过自身的核心竞争力来提升自己的利润配置，尽量避免过度的虚拟炒作；上市公司要不断地提升体育产品的质量和市场占有力，不要过度依赖虚拟产品的上市和买卖。当然合情合理的虚拟产品交易是法律和政策所允许的，只不过要控制好资金配置风险，保证投资的安全性和高质量。

四、元宇宙赋能体育现代化的技治化风险

技治化概念最早由我国学者黄诚胤、屈秦沁、张真源等（2023）提出，强调“元宇宙体育技术正在塑造元宇宙与体育融合发展的环境，既包括技术对体育制度化的介入，也包括技术与体育制度化的融合”[①]。但是作者并没有明确界定技治化的深刻内涵和外延效应。有学者在黄诚胤等之前曾经隐约感受到“技术治理与体育自治”的辩证关系，指出技术主导下的自治、程序化、“去中心化”

① 黄诚胤，屈秦沁，张真源，等．元宇宙与体育融合发展的结构性障碍及纾解路径[J]. 体育科学，2023（3）：14-26.

已经成为元宇宙与体育融合发展过程中的新常态（王奇才，2022）。本书结合前有学者的研究成果，指出技治化是指“技术变迁和社会治理理念、机制、体制、规则、规章、制度、规范、潜在运行规律之间相互作用、相互制约、相互融合的现状、过程和发展趋势”。结合当今体育事业蓬勃发展的现实，我们认为元宇宙技术赋能体育现代化必然遇到极为复杂且难以处理的技治化风险。

1. 基于价值博弈的技治化风险

尽管将元宇宙技术嵌入体育事业管理中去是一件极为艰难和充满挑战的事情，但是不可否认的是“体育元宇宙行权风险”必然会在“体育价值实现”面前黯淡无光。也就是说，体育运动价值的实现往往和体育比赛的结果、体育运动精神、体育运动管理、体育培训事业发展、体育奖惩制度等发生抵触。一般来说，人们参与体育运动的首要价值是“身体健康诉求”，这也是任何体育赛事、体育运动、体育竞技的设计初衷和最终归宿。但是进入21世纪以来体育活动的演化已经将单纯的“健康需求”边缘化了，代之而起的是“体育运动专业化”“体育选拔家族化”“体育技术垄断化”“体育交流神秘化”“体育赛事战略化”“体育比赛利益化”和“体育锻炼透支化”等畸形的体育样态。在一个把体育竞技看成“利益投资和产出”的经济环境下，人类原初的“强身健体”目标已经被部分边缘化了。随后酿生的体育精神的凝聚价值、体育哲学的锤炼价值、体育伦理的优化价值、体育意识的觉醒价值、体育文化的传播价值、体育意识形态的壁垒价值等都在不知不觉中淡化出混乱无序的体育赛场，而残酷的体育竞争就成为迎合观众口味的“西班牙斗牛场”，于是体育元宇宙滋生的“刺激场景”就会在各种传播平台上频频上演。这种潜移默化的文化和精神渗透会在不知不觉中危害社会整体的“道德自觉”，并引发持续的“体育技治化”困境。

2. 基于约束体系产生的技治化风险

一般来说，约束体系是规范体育产业发展的重要保障系统。正如“不以规矩不能成方圆”的箴言一样，如果没有一种内外在的约束机制，体育产业、体育数据、体育元宇宙、体育精神和体育赛事等的发展都不可能一帆风顺。在一个元宇宙体育环境中，缔造规范性的法治体系、部门管理的制度体系、单位分管的监督体系、个人良心发现的道德体系等都是必不可少的系统性要求。但是即便是再优秀的体育元宇宙人才也无法规避以下几个体育技治化困境。一是体育元宇宙数据保存中的国家利益优先权问题；二是体育元宇宙数据市场化和保密性的博弈困境问题；三是公共体育数据的共享机制与公民个人法权的契合困境；四是国际公法意义上的体育元宇宙与国内私法意义上的体育元宇宙数据的交换和市场化困境；五是体育元宇宙实现过程中的人格利益和非财产性收益的落差困境问题。事实上无论是亚里士多德、霍布斯、培根、洛克、孟德斯鸠和维特根斯坦等人都没有找到利益配置的风险最小化原理，因为体育元宇宙的技术风险与国家制度、管理体制、具体规则和临时性约束体系等都是密切相关的。当然任何约束体系产生的技治化风险都会在实践层面上遇到巨大的伦理性“失责”风险，也就是说任何机器式的数据都必须由“人”来控制，没有人类涉足的微观世界是根本不存在的。

3. 基于法理冲突产生的技治化风险

权属化是后现代法理社会法条变迁的基本规律和发展趋势。在一个各种不成文规定难以快速转化为判例的法律环境中，适度的权属化会增强公民侵害案件的赔付需求；相反在一个各种成文法律规定被不断判例化的法理境遇下，较高的权属化恰恰是社会发展的良性“润滑剂”。乌尔里希·贝克在《风险社会》一书中曾经多次强调，在体育科技快速发展的时代背景下，权属化已经将体育数据进行了虚拟化罗列，而行将到来的科技发展必然会加剧而不是减少技术对体育管理体制的制约作用和潜在影响。贝克的分析表明即便是在高度文明化的国家里，技术的相对独立性必然会对法律机制、规章制度、规范条例和单位规章等产生实质性的冲突和作用。[①]联系当今互联网技术发展的现实，我们发现元宇宙技术已经在体育产业发展、体育事业管理、体育平台构建、体育赛事组织、体育运动赞助、体育俱乐部建设、体育竞技行业、体育博彩行业产生了巨大冲击和影响。由此产生了大量的体育数据包括个体体育运动数据（拓扑数状结构）、体育商业活动数据和公共体育数据，这些数据与一般的非体育运动数据不同，其包含大量生物学个体信息，比如运动耐受度信息、黄色人种运动时间信息、血液分析数据、运动血压和运动血糖信息、个体微量元素运动轨迹数据、个体 DNA 重组障碍数据等，这些数据都是关系到国家和民族生存和发展的重

① 乌尔里希·贝克 . 风险社会［M］. 何博闻，译 . 江苏：译林出版社，2004.

要基因信息，如果被不良行为加以利用和引导很有可能变成“不见血的战争利器”。这也可以说是体育技治化发展带来的重大挑战和弊端之一。当然从权属化的角度分析，体育数据的商业化和公共体育数据的共享机制必然会滋生各种利益寻租现象，由此也会产生排他性、短视性、耗散性和枯竭性体育风险。

第六章

元宇宙赋能体育现代化的实践路径

体育活动并不仅是单纯的力量和技术的较量，在较为严格的体育运动学意义上，体育活动也是一种高维度的体力和智慧交融的学问。元宇宙技术并不仅是单纯的技术性创新行为，在较为严格的技术心理学意义上，元宇宙技术也是促进人类智慧和力量快速提升的综合性技巧形态。也就是说，谁率先实现了元宇宙技术在体育活动中的充分应用，谁就掌握了未来体育运动变迁的科技底气和智能化发展方向；谁没有意识到或者没有将元宇宙技术运用到现实的体育运动之中，谁就会被高速发展的科技时代所抛弃。正如有学者所指出的“元宇宙作为近年来世界各地数字产业发展的重要方向，与体育之间有着天然的契合性与融通性”①，这种融合和相互作用必须借助于以下几个方面的努力才能实现。

① 黄诚胤，屈秦沁，张真源，等.元宇宙与体育融合发展的结构性障碍及纾解路径[J].体育科学，2023（3）：14-26.

一、利用增强现实技术（AV）进行体育实践的时空再造

所谓增强现实技术（AV）是指将真实世界的信息和虚拟世界的信息实现无缝对接并提升用户在二维时空中的全新体验的技术。理解增强现实技术概念必须注意时间内涵和空间内涵两个方面的意蕴。之所以说是增强现实技术就是因为该技术将多媒体技术、视频显示及控制技术、实时跟踪技术、传感器融合技术、三维建模技术等有机嵌入能够被人的知觉感应到的状态层面，从而给用户提供了极为逼真的“超现实”体验，因而是在现实技术基础之上的“增强版”技术。推动元宇宙技术赋能体育现代化，必须以时间戳技术推动体育运动的标准化、以空间再造技术推动体育运动的精准化。

（一）以时间戳技术推动体育运动的标准化

所谓“时间戳”（Time Stamp）技术是指标志唯一时间的字符序列。时间戳技术是数字签名技术的一种现实应用。时间戳技术包含以下三个方面的深刻内涵，一是需要加盖时间戳技术的概要；二是数字时间戳服务器收到的日期和时间；三是数字时间戳服务器识别的数字签名。显然时间戳技术是一种可执行、或然性的法律取证技术和时间效力鉴定技术。近年来，时间戳技术已经被广泛应用于医疗档案保存、公务员身份信息留存、国家事业单位公职人员违法犯罪信息查询、司法鉴定中心和高校思政课教学平台建设等多个领域，并取得了广泛的实践效果。将时间戳技术应用于体育运动现代化领域，必须从以下两个方面着手。

1. 要利用可信时间戳技术为体育运动现代化“定标立矩”

总体上看，元宇宙场景下的时间戳技术包含两个方面的现实应用：一是基于国家法定时间来源的可信时间戳技术。这种技术以格林威治时间为基本的计

数标准，采用国际上通行的时间测量法。实际上这种数字技术并不是建立在模拟时间态基础之上的，而是建立在现实时间态基础之上的。人类广泛存在着12小时制时间戳技术和24小时制时间戳技术。我国以《中华人民共和国电子签名法》为时间戳技术的法理依据，指出“中国科学院国家授时中心（NTSC）”和“北京联合信任技术服务有限公司”是中国法定的可信任授时中心，其他社会组织和互联网机构所采用的时间性流动信息都必须以这两个机构的授时为标准。与时间戳技术的快速发展相适应，体育运动数据的保存和调取都必须采用可靠的授时规则。否则各级各类体育运动信息的传递和媒体的扩散就会出现极端混乱的情况，比如体育运动会开展过程中所采用的视频采集技术和声音传播技术必须盖有特定的时间戳，才能取得媒体传播的合法性身份等。不仅如此，体育组织、体育展览、体育文化传播、体育精神传递、体育赛事活动、体育博彩业、体育竞技业的发展都离不开合法准确的时间戳技术。可见，只有利用可信时间戳技术才能为体育运动现代化事业的发展“保驾护航”。

2. 要充分利用可信时间戳技术推动体育现代化的“开拓创新”

体育现代化本质上是一种体育思想和体育理念领域的现代化过程和结果。如果我们的体育事业总是在传统保守的老路上“蜗牛爬行”，那么这种体育现代化可以称为“体育倒退”或者说是“故步自封”。经验已经证明，在一个传统体育文化色彩特别浓厚的氛围中，推动体育现代化事业的发展可以说是步履维艰的。因为体育教师和体育人才都习惯了传统稳定的体育训练模式和体育竞技标准，而对于任何敢于开拓创新的体育运动理念或者体育运动项目均采取了“盲目排外”的汲取模式。在此背景下，任何体育项目的增加或者减少、任何体育竞技规则的与时俱进都会被理解为“故意作秀”，吸引眼球，而那些几千年来一直长盛不衰的体育竞技和体育规则往往被理解为“中西结合”或者“本土化”的最佳选择，于是失去了时间概念的体育运动就演化为“人类身体运动”的清晰模拟画面。甚至在有些时候，绝大多数体育人连自身身体的生物学属性都难以识别了。可见，要想将元宇宙技术运用到体育现代化事业中去，必须破除陈旧落后的保守理念，进一步解放思想，将时间戳技术运用到体育赛事直播、体育奖项设置、体育标准化制定、体育产品销售、体育精神内化和体育社会化的各个领域。唯其如此，中国体育现代化才能在不久的将来顺利实现。

（二）以空间再造技术推动体育运动的精准化

“空间再造技术”（Space Recreative）是指空间维度的元宇宙技术。尽管元宇宙技术中的“元宇宙”包含“空间宇宙”的意蕴，但是元宇宙实际上是一个包含时间维度和空间维度的三维动态演示技术。所谓“空间再造技术”是指利用电子计算技术合成全新虚拟世界的空间物理技术。与体育运动都需要特定空间的含义相适应，利用空间再造技术可以实现现实体育运动的高效率和高精度，从而有利于推动体育现代化事业的快速发展。

1. 利用空间再造技术推动体育空间建筑质量的提升

假定宇宙中只有一颗星球存在着自然生命而宇宙中其他星球可能存在未知宇宙生命的话，那么任何体育活动都是需要占用一定物理空间的活动。在体育量子力学还没有完全被实验室所证伪的情况下，所有的体育运动实际上都属于多维动态数据演化形式，尽管有些体育科学家断定三维空间是“程序性”空间或者“模拟空间”，也就是说人类所有体育活动都是“命定式”地被界定好的，但这种“人类命定论”学说毕竟没有被科学所证实，所以“空间属性”是动物界活动的第一属性。就人类体育活动演化的一般规律来说，选择合适的体育场馆环境、选择舒适的地理位置建设体育运动场、选择适当的楼层构筑体育办公场所、选择显著的位置建设体育教育场所、选择面积足够大的场地建设体育运动休闲区域等都是推动体育事业现代化的重要环节和步骤。利用元宇宙技术中的空间再造技术可以实现所有空间体育活动的“三维”甚至“多维”建模，比如利用3D打印技术建设现代化的足球运动场地、篮球馆、橄榄球馆、羽毛球运动场和排球场地等。不仅如此，空间再造技术还可以将体育场馆的空间移动规律详细刻画，不仅有利于在建场馆的空间成本节约，而且还可以通过多维视角清晰展现体育运动的各种细节结构，进而最小化体育空间化成本并最大化体育运动收益。基于此，各级各类体育管理部门要利用一切可能促进元宇宙技术在体育运动事业中的应用，要为体育运动场馆的建设提供更详细的技术支持和智力支撑。

2. 利用空间再造技术推动体育空间建筑布局的优化

所谓“体育空间建筑布局”是指宏观意义上的体育空间建筑形式的布局合

法化标准、经济利益最优化标准、社会效益最大化标准、法治价值合理化标准、道德作用多样化标准和文化意义上的审美标准等。中世纪体育学家奥古斯丁曾经说过："好的体育建筑是流动的音乐，而美好的运动音乐则是静止的体育建筑。"[①] 这话鲜明地道出了体育空间建筑布局的多元重要性和艺术审美价值。根据目前中国大型体育场馆建设的空间选址规律，一般会把"奥林匹克运动会场馆"和"区域运动中心场馆"等设置在离城市不远且相关配套服务设施相对完善的"近郊"领域，但是这种空间布局明显具有机械主义的痕迹，因为没有考虑停车的拥挤问题、人流的火灾分散问题、治安控制问题、饮食安全性问题、场馆的绿色舒适性问题等。事实上，元宇宙技术的空间再造技术可以将尽可能多的体育元素融入体育场馆建设平台之中，并通过其他数据优化实现体育场馆空间布局的最优化选择。基于此，各级各类体育运动组织建设部门要通盘考虑城市的噪声污染问题、交通堵塞问题、市民满意度问题、比赛的声音量子污染问题、水源的优质供应问题、市民的情绪可控性概率和建设成本的节约问题等，要将建设局、城市规划局、城市管理局、公安局、司法局、工商管理局、税务局、市政府、环境保护局等相关部门联合起来进行规划论证，尽量避免"比赛时轰轰烈烈、去赛时冷冷清清、平时无人问津、闲时满馆清风"的现象。

二、利用数字孪生技术推动体育活动数据的规范化

所谓"数字孪生技术"是指将现实世界中的产品、过程、消费模式、众筹手段、交易对象、流通现象和生活方式模拟化为虚拟世界元宇宙场景的技术形态和演化方式。可视化、仿真化和场景优化是数字孪生技术的三个主要特点。数字孪生技术需要借助物理模型和数理算法加以实现，如果没有物理世界的现实作为支撑，再优秀的计算机专家也无法将现实世界还原成虚拟形态。就目前

---

① ［古罗马］奥古斯丁．忏悔录 [M]. 向云常，译．北京：华文出版社，2003.

的发展而言，数字孪生技术主要应用于能源开采、工业制造、医疗保健、农业开发、建筑设计、社会保障、军事战争和文化传播等多个领域，并取得了不菲的成绩。利用数字孪生技术促进体育运动事业的发展已经成为元宇宙技术赋能体育现代化的重要方向和路径选择。具体应做好以下两个方面的工作。

（一）官方体育运动数据的规范化

在国家主权化持续发酵的社会环境中，官方话语仍然具有法理上的合理性和道义上的不可逾越性，而官方体育运动数据的保存和交换必然促使对数据标准化和规范化的追逐和期盼。官方体育活动是当今世界主导性的体育锻炼方式和身体运动形态，具体来讲，官方体育活动主要包括官方举办的各级各类运动会、官方举办的各级各类体育咨询会、官方举办的体育活动宣讲会、官方举办的体育赛事吹风会、官方举办的体育场馆建设招标会、官方举办的体育标志设计招标会、官方举办的体育比赛仪式策划会、官方举办的体育法律听证会、官方举办军事体育运动会、官方举办少数民族休闲体育运动会、官方举办单项体育运动会和官方举办的体育训练基地宣讲会等。一般来说，官方体育教育局是最基本的体育活动数据优先获得主体，这些部门体育运动数据的规范化提取和合法性使用事关中国体育事业的标准化变迁和新常态发展，必须引起体育主管部门的高度重视，基于此，必须做好以下两个方面的任务：一是要将数字孪生技术的正向效应发挥出来。任何技术都是具有“双刃剑”的科技变迁形式，一方面数字孪生技术能够推动现实世界的清晰化和可视化浏览，另一方面数字孪生技术也可能引发“技术灾祸”，比如利用数字孪生技术制造用于战争或者攻击性武器的想法和行为、利用数字孪生技术开展非法细胞移植和生命杂交的行为、利用数字孪生技术开展的转基因分析和研发的现象和行为、利用数字孪生技术开展的赌博和游戏性行为、利用数字孪生技术开展的身份犯罪和器官移植等的现象和行为等。就目前我国体育事业的发展来说，各级各类体育管理部门必须将数字孪生技术的正面效应充分发挥出来，要利用数字的“对等互换”原理实现体育运动会数据的合理交易和保存，不能将核心体育数据公开化。比如，牵扯到运动员的个人身份信息和血液信息等都是必须严格加以保存的。二是要主动规避数字孪生技术的负面效应。数字孪生技术的负面效应是体育事业发展必须重点关注的核心技术难题，特别是在元宇宙体育平台建设中，数字孪生技术可能引发恶意攻击者的“镜像使用”，进而引发用户视觉的“错位”甚至还可能引起“五官错觉”，此时消费者的成本代价将会飙升至最高层次，从而引起元宇宙环境的无序和混乱，必须坚决加以制止和警觉。

（二）非官方体育活动数据的选择性运用

从数字孪生技术的应用历程中看，大量存在的体育运动数据是基于非官方话语的数据形态。主要包括各种继起性发言的体育活动数据、各种非官方体育赛事信息数据、各种体育腐败案件差评数据、各种赛事作弊性评价数据、各种网民体育评价数据、各种境外体育评价数据等。结合中国文化“兼听则明，偏听则暗”的为人处世哲学，我们发现绝大多数网民对非官方数据表达出了更大的关注热情和研究兴趣。因为英国历史学家罗素曾经说过：“在中世纪君权大一统的国家里，所有的舆论和出版物都在传播无中生有的谎言，而真正的现实则存在于广为流布的社会化谎言之中。即便在民主制度的政体中，真实性的谎言处处皆是，而作为谎言的现实却凤毛麟角。”[①] 这就告诉我们，各种体育性网络新闻跟帖可能传达了更为真实的“体育爱好者心声”，而官方体育新闻则可能充斥着“复杂多变”的高深数据信息。即便是各种体育舆论传播者遵循着“新闻真实性”的职业道德，但是就绝大多数网民来说，辨别官方体育活动数据的真伪性无异于“讨论一根针上站着几个上帝”一样更加困难。基于此，各级各类体育运动组织必须采用“明分厘析、仔细甄别”的原则，将各种BUG体育活动数据和各种跟帖性体育运动数据区别开来，要看到哪些非官方体育活动数据是真实的、哪些非官方体育运动数据是造假的。只有坚持“选择性汲取”的体育运动数据分析原则，才能在体育元宇宙的构建中充分发挥数字孪生技术的正向效应、有效规避数字孪生技术的负面效应。

---

① ［英］罗素．心的分析 [M]. 李季，译．北京：商务印书馆，1963.

三、利用沉浸体验技术推动体育运动的现代化转型

就世俗世界的感官体验来说，绝大多数个体很难静下心来进行所谓“沉浸式”的感官知觉和认知过程。其原因在于绝大多数个体整日穿行于大街小巷之中，忙于生计、苦于无计、难于活计、疲于算计，在这种横冲直撞的现实环境中，祈求“元宇宙体育”平台的出现本身就是一种极为理想化的奢求。但是在当今科技快速变迁的新时代，完全脱离开技术变迁而特立独行显然是更不合理的“零和”选择。基于此，各级各类体育管理部门要结合沉浸式体验技术的优势开展体育活动，借此推动体育现代化事业的快速发展。

（一）个体体育欣赏水平的现代化转型

所谓“沉浸式”体验技术（DP）是指利用各种各样的传感器和显示器将人的视觉、听觉、味觉、触觉和精神知觉完全沉浸在一个全新的电化环境中的技术形态。沉浸式体验技术的应用必须满足三个基本的逻辑前提，即具有较高分辨率的立体投影技术（3D 或 5D）、三维计算机图形成像技术、具备立体声音色的音响技术。头盔、手柄和感应手套是沉浸式体验技术应用的物质前提。近年来，由于沉浸式体验技术在艺术展览、体育欣赏、舞蹈录像、电影特技、戏剧表演、相声说唱和军事战争中的全方位应用，使该技术的元宇宙属性得到了充分发挥，特别是在体育竞技领域，沉浸式体验技术为体育运动爱好者提供了一种逼真的欣赏平台，大大提高了体育活动的参与率和体育赛事的传播速度，在超强点击率的作用下个体的体育欣赏水平得到了显著提高。基于此，各级各类体育运动管理部门和组织者必须做到如下两点：一是要为个体体育欣赏水平的提高提供更加逼真的场景。不同的体育赛事有着不同的比赛规则和裁决要点，在目前大型国际赛事均采用裁判组制度的前提下，各级各类技术开发部门必须量身打造具有个性化欣赏平台的元宇宙体育平台，要使单个个体的体育项目欣赏不妨碍其他组织和个体的项目欣赏，要开发具有个性化的元宇宙操控手柄，而且在手柄控制器中要设置“快速反应区块链”，保证不同年龄段、不同性别、

不同阶层、不同知识背景等的个体都能够按照自身的喜好进入元宇宙体育平台的不同赛事，从而最大限度地扩展了沉浸式体验技术的现实应用。二是要推动个体体育欣赏水平的现代化式转换。所谓“现代化式”的个体体育欣赏是指按照每一个人的不同阅历、不同家庭背景、不同性格偏好、不同伦理基础、不同宗教习惯、不同国籍诉求、不同教育经历等进行体育欣赏的活动和过程。“现代化式”的体育欣赏水平有别于传统的“集聚式”体育欣赏能力，是对传统体育欣赏过程和标准的“否定之否定”，因而具有更加鲜明的个性立场和更加清晰的评价标准。在个体体育欣赏过程中要充分发挥沉浸式体验技术的正向效应、规避沉浸式体验技术的负面效应，不能将沉浸式体验技术开发成游戏技术或者消极堕落的黄色技术。

（二）群体体育精神的现代化转型

与个体沉浸式体验技术不同的是群体沉浸式体验技术。所谓“群体沉浸式体验技术”是指一个或者两个及以上的人在元宇宙体育平台中进行畅快体验和自由控制的元宇宙体育技术。一般来说，个体体验具有多元化而群体体验具有明显的群体化和普遍化色彩，绝大多数体育爱好者在个体体验无法真正了解运动真相的背景下，更喜欢参与群体精神体验的层面。“群体体育精神”思想由荷兰学者大卫·科波菲尔首先提出，科波菲尔指出：“群众的眼睛是最为明亮的，当绝大多数官僚系统和军事指挥系统沉迷于元宇宙感官体验的时候，绝大多数群众却处于粗糙体育感应的阶段，对于体育竞猜的认知变得更加渺茫。”① 基于此，社会各界尤其是体育学界必须做到如下两点：一是要注重群体体育精神的内涵式传播机制。所谓“内涵式”传播是指一种体育精神在人性本体和道德层面上的传播机制和过程。内涵式传播机制不同于外延性传播机制，它是群众体育精神在个体层面上的深度浸渍和缓慢消化过程。那些试图在较短时间内推动群众体育精神在价值层面上深度传播的行为和想法都是违背人性基本的道德运作机制和德行配置原理的。客观来说，各级各类体育运动组织必须深刻认识到

① [荷兰]大卫·科波菲尔．论群众体育精神的现代化转型和后现代重构[J]. 阿姆斯特丹新闻出版社，2023（1）：111-115.

推动群众体育运动精神内涵式发展的阻碍因素和极端困难性，不能将群众体育精神简化为“个体体育精神的简单相加”，因为只有当所有个体在文化复兴层面上认可了“群众”概念的社会属性和价值意蕴，群众体育精神才能获得较大发展。二是要注重群体体育精神的现代化转变。在传统的群众体育文化变迁史上，“体育现代化精神”在很大程度上被还原成了“体育功利化精神”，于是市场机制便发展成为衡量群众体育得失成败的关键评价标准。显然这种以利益为核心的群众体育很快就会异化为“少数者的专属权限”，而绝大多数普通群众则很难享受到体育事业大发展带来的“一般红利”。基于此，必须号召群众体育运动举办方坚持“体育友谊第一、体育比赛第二”的群众体育精神，把群众体育竞技演变成提高群众身体素质和精神健康的运动形态。唯有如此，传统群众体育精神才能在新时代的境遇下实现“现代化转型”。

四、利用非对称加密技术推动体育事业的安全性变迁

非对称加密技术是在元区块链技术基础之上开发出来的元宇宙技术。由于元区块链技术的账本共享属性和算法共识属性，使人类借助于计算机系统和互联网络技术传递信息的渠道变得更加高效透明、民主多元和安全顺畅，因此元区块链技术又被绝大多数学者界定为是继蒸汽机技术、电力传送技术和古典互联网技术之后的第四大核心技术。由于元区块链技术解决了“信息孤岛”问题和“去中心化”问题，因此建立在元区块链技术基础之上的非对称加密技术就成为第四次科技革命时代重大的数据安全创新。研究非对称加密技术赋能体育现代化的理论和实践问题，必须在以下两个方面实现技术突破和实践创新。

（一）利用哈希函数推动体育价值和体育利益的均衡化变迁

所谓“哈希函数”是指一种逆向可倒推单向函数族。也就是说在 $y=f(x)$ 表达式中，每一个 x 都会对应唯一的 y。假定由 x 到 y 是简单和直接的，而由

y 则不能倒推出 x，那么我们称这类函数为哈希函数。在哈希函数下 x 的任何细微变动都会在 y 上留下明显的痕迹，因此哈希函数成为元区块链技术的重要底层数据算法。基于哈希函数在区块内数据传输和区块条间数据传递的安全性和稳定性，哈希函数已经成为多方计算和逆向追溯技术的首选形态，并广泛应用于数据加密和密码保护等多个领域。由于体育元宇宙数据均是需要多维加密的核心数据，所以在体育事业管理和体育竞技运动中运用非对称加密技术就显得极为重要了。

1. 要将多方计算技术运用到体育事业发展过程之中，实现体育元宇宙数据的安全性演化

所谓“多方计算技术”是指在非对称数据加密之中，将某一结果的计算方法进行多方加密的技术形态。比如，在一个多方互不信任的环境中，如何实现两个或多个用户在不泄漏各自私有信息的情况下协同合作执行某项任务呢？在体育元宇宙环境中，由于体育公有链是面向所有用户的非准许系统，我们很难在用户没有进入该系统前判定该用户是出于善意还是出于恶意的，也就是说我们不知道在这个系统当中有没有坏人，有多少坏人。因此就需要利用多方计算技术，在假定有坏人的环境下实现系统的照常运转。这种非对称加密技术实际上是以数字、字母和特殊字符串的 512 位非平衡运用为基础前提的，此种密码算法具备更加复杂的解密机制，在技术水平难以达到较高水平下，普通的用户是很难凭借现有的技术能力突破非对称加密防火墙的。即便有些高端用户能够进入操作界面，非对称加密算法也会在哈新函数的作用下，实现系统不信任的“全时记录和保存”，进而网络管理员可以在第一时间利用 IP 地址追溯到恶意篡改者的注册信息。在体育事业管理中，利用这一技术可以保证所有体育元宇宙数据的安全性和便捷性，从而为各级各类体育组织推动体育活动的顺利开展奠定了技术形态学基础。

2. 要将对等网技术运用到体育事业管理之中，实现体育元宇宙运行的高效性

所谓“对等网技术”是指通过点对点协议进行网络数据传输的区块链技术。“点对点协议”追求网络“弱中心点”和“强中心点”地位的均等属性，强调系统数据的传输根本不需要通过“中间节点”进行存储和转发，而是可以直接通

过“点到点协议”进行传输。显然对于体育元宇宙数据的传输来说，点对点协议解决了整个网络节点的“去中心化”问题，使所有体育网络用户都可以在加密算法和哈希函数的助推下实现数据交换的安全性和稳定性。对等网技术实际上就是一种“网络对等加密技术”，其根本的目的是保证整个体育元宇宙网络的稳固和稳态运行，比如用户在体育元宇宙环境下均可以下载体育电影、体育实况转播、体育赛事直播、体育竞技新闻、体育国际传播信息等。当然这种通过“电驴”（相当于此处的“点对点协议”）下载体育活动数据的平台实际上是对所有体育用户开放的，除去某些必须高度保密的国家体育运动机密和政府体育赛事数据之外。也就是说，对于利益均分方来说，对等加密技术实际上是一种“最大化数字效率”的哈希函数运算技术。由此可见，哈希函数实际上已经成为推动体育价值和体育利益变迁的关键技术，并得到了广泛应用。

（二）利用联盟链技术实现体育收益和体育法治化的协调发展

所谓“联盟链”技术是指通过区块链组合技术实现分布式账本、结构性共识算法、系统防篡改功能等的协调运行的元宇宙技术。“十四五”规划明确指出，“在未来几十年内我国高端计算领域必须以联盟链为重点发展区块链服务平台和金融科技、供应链管理、政务服务等领域应用方案”。[①] 可见联盟链技术已经成为未来区块链技术发展的重要方向。联系到体育运动数据和体育公益数据传播和演化的特殊性，本书将联盟链技术看成推动体育收益和体育法治化协调发展的关键技术，强调联盟链技术可以推动体育收益的最大化、可以推动体育法治化的纵深延展和未来变迁。

1. 要利用联盟链技术实现体育收益的最大化

古今中外无论任何类型的体育活动本质上都是具有一定“人类个体功利性”的生物性活动。这种体育活动以正式或者非正式的体育外在形态展现自身的存在必然性、以体育参与者身体素质的强化和提高为生理学目的、以体育运动精神的外向溢出为主要的系统性意识特征、以体育文化的广泛传播为其思想渗透

① 联盟链技术发展的前景和未来进展 [DB/OL].https://zhuanlan.zhihu.com/p/363614773.

属性、以集团体育收益的最大化为各种商业的目的。无论是精神性收益抑或是物质性收益，本质上都是基于体育事业健康发展的边际化收益。在当今联盟链技术快速发展的今天，利用分布式算法和超级记账能力可以实现体育赛事收益的最大化，比如在大型体育赛事中利用不同体育品牌的区块链技术，可以实现各种体育品牌营销网络的最优化，进而实现边缘体育产业收益的最大化。例如，在 2008 年北京奥运会期间，各种体育品牌广告的收益远远大于体育赞助商的收益，不仅如此北京奥运会还实现了体育服装产业和体育消费产业的勃兴。这些成就的取得应该说与联盟链技术的运用紧密相关，如果一种元宇宙技术不能实现所有体育展销品牌数据的集成式、分布式和安全性运营，那么这种联盟链技术的体育收益功能将会受到很大影响。

2. 要利用联盟链技术推动体育法治化的深刻变迁

在当今世界上，任何体育活动都必须限定在一定范围内才能实现社会收益的最大化，换句话说体育活动既是一种自限性运动又是一种有限性运动。一般来说，构成体育活动界限的制约因素主要有两种，即法理界限和道德界限。而在这两种限定中，法治界限合理性是体育活动顺利开展的首要制约因素。特别是在科技体育快速发展的新时代，大力推动联盟链技术在体育云宇宙中的现实应用，必须将体育活动的法治化作为一种重要的保障形式。一是要在体育联盟赛事合作中注重科技元素的传播价值。比如，在全国拳击赛事组织中，既要利用体育元宇宙技术合理突出中国传统搏击文化的神秘魅力，又要利用联盟链技术规约赛事参与者的拳击行为和拳击道德等。唯有如此，各种体育赛事的合法性才能得到保障，而承办方和赞助方的广告收益和舆论宣传收益才能在“点击率”和“收视率”的助推下实现“双赢”。二是要注重官方体育赛事宣传的合法性问题。比如，在由不同体育运动选手组成的“选手区块链”中，可以采用规则一致化原理，将体育赛事的举办地点、时间、人员数量、规则体系和外在转播权限数据化，当每一个选手都能够在极为便捷的体育元宇宙平台看到官方比赛信息的时候，各种区块链联盟收益就会产生，此时元宇宙技术的体育效益功能和体育法治化变迁将成为任何体育赛事的看点和亮点，而体育现代化事业就会在元宇宙技术的烘托下获得蓬勃发展，这应该是现代科学技术最为显著的体育价值和体育学存在意义。

参考文献

一、著作类

[1] 李伟，朱烨东 . 中国区块链发展报告（2018）[M]. 北京：社会科学文献出版社，2018.

[2] 徐明星，田颖，李霏月 . 图说区块链 [M]. 北京：中信出版社，2017.

[3] 井底望天，武源文，赵国栋，等 . 区块链与大数据 [M]. 北京：人民邮电出版社，2017.

[4] [加] 唐塔普斯科特，亚历克斯 · 塔普斯科特 . 区块链革命 [M]. 北京：中信出版社，2016.

[5] [英] 史蒂芬 · 戈德史密斯，威廉 · 埃格斯 . 网络化治理：公共部门的新形态 [M]. 北京：北京大学出版社，2008.

[6] 徐子沛 . 大数据：正在到来的数据革命以及它如何改变政府、商业与我们的生活 [M]. 桂林：广西师范大学出版社，2012.

[7] [美] 丹 · 希勒 . 数字资本主义 [M]. 南昌：江西人民出版社，2001.

[8] [美] 马克 · 波斯特 . 第二媒介时代 [M]. 范静哗，译 . 南京：南京大学出版社，2011.

[9] [美] 简 · 芳汀 . 构建虚拟政府：信息技术与制度创新 [M]. 邵国松，译 . 北京：中国人民大学出版社，2012.

[10] 沙钱，石玉萍，姬明佳 . 无主货币 2：2015 年中国数字货币研究报告 [M]. 上海：上海社会科学院出版社，2015.

[11] 塔普斯科特 T，塔普斯科特 A. 元宇宙革命：比特币底层技术如何改变货币、商业和世界 [M]. 凯尔，孙铭，周沁园，译 . 北京：中信出版社，2016.

[12] 大数据战略重点实验室 . 块数据 3.0：秩序互联网与主权区块链 [M]. 北京：中信出版集团，2017.

[13] 曼纽尔 · 卡斯特 . 网络社会的崛起——信息时代：经济、社会与文化 [M]. 夏铸久，译 . 北京：社会科学文献出版社，2003.

[14] 稻见昌彦 . 超人诞生：人类增强的新技术 [M]. 谢严莉，译 . 杭州：浙江大学出版社，2018.
[15] 海勒 . 我们何以成为后人类：文学、信息科学和控制论中的虚拟身体 [M]. 刘宇清，译 . 北京：北京大学出版社，2017.
[16] 亨利·列斐伏尔 . 空间：社会产物与使用价值 . 包亚明，编 . 现代性与空间的生产 [M]. 上海 : 上海教育出版社，2002.
[17] 马克思，恩格斯 . 马克思恩格斯全集 [M]. 北京：人民出版社，1979.
[18] 习近平 . 习近平谈治国理政 [M]. 北京：外文出版社，2014.
[19] 习近平 . 之江新语 [M]. 杭州：浙江人民出版社，2007.
[20] 习近平 . 摆脱贫困 [M]. 福州：福建人民出版社，1992.
[21] 中共中央文献研究室 . 十八大以来重要文献选编（上）[M]. 北京：中央文献出版社，2014.
[22] 中共中央文献研究室编 . 习近平关于全面深化改革论述摘编 [M]. 北京：中央文献出版社，2014.
[23] 中共中央文献研究室 . 习近平关于社会主义生态文明建设论述摘编 [M]. 北京：中央文献出版社，2017.
[24] 中共中央宣传部 . 习近平总书记系列重要讲话读本 [M].2016 版 . 北京：学习出版社，人民出版社，2016.
[25] 中共中央文献研究室 . 十八大以来重要文献选编 (中)[M]. 北京：中央文献出版社，2016.
[26] 杨莉 . 中国特色社会主义生态思想研究 [M]. 北京：红旗出版社，2017.
[27] 刘志国 . 政治经济学中的资本主义 [M]. 北京：中国金融出版社，2010.
[28] 顾涧清 . 广州生态城市的建设与探索 [M]. 广州：广州出版社，2013.
[29] 国家环境保护总局办公厅编 . 环境保护文件选编（2013 上）[M]. 北京：中国环境科学出版社，2016
[30] 陈金清 . 生态文明理论与实践研究 [M]. 北京：人民出版社，2016.
[31] 董强 . 马克思主义生态观研究 [M]. 北京：人民出版社，2015.
[32] 沈洪满 . 生态文明建设与区域经济协调发展战略研究 [M]. 北京：科学出版社，2012.
[33] 赵建军 . 如何实现美丽中国梦——生态文明开启新时代 [M]. 2 版 . 北京：知识产权出版社，2014.
[34] 张敏 . 论生态文明及其当代价值 [M]. 北京：中国致公出版社，2011.

[35] 胡筝 . 生态文化 : 生态实践与生态理性交汇处的文化批判 [M]. 北京：中国社会科学出版社，2006.

[36] 国家林业局 . 建设生态文明，建设美丽中国——学习习近平总书记关于生态文明建设重大战略思想 [M]. 北京：中国林业出版社，2014.

[37] 生态文明体制改革总体方案 [M]. 北京：人民出版社，2015.

[38] 中共中央国务院 . 关于加快推进生态文明建设的意见 [M]. 北京：人民出版社，2015 .

[39] 卢风 . 生态文明新论 [M]. 北京 : 中国科学技术出版社，2013.

[40] [美] 乔治・费雷德里克森 . 公共行政的精神 [M]. 张成福，刘霞，张璋，等，译 . 北京：中国人民大学出版社，2003.

[41] [英] 詹姆斯・N. 罗西瑙 . 没有政府的治理 [M]. 张胜军，刘小林，等，译 . 南昌：江西人民出版社，2001.

[42] [德] 乌尔里希・贝克、[英] 安东尼・吉登斯 . 自反性现代化——现代社会秩序中的政治、传统与美学 [M]. 赵文书，译 . 北京：商务印书馆，2001.

[43] [德] 乌尔里希・贝克 . 风险社会 [M]. 吴英姿、孙淑敏，译 . 南京：南京大学出版社，2004.

[44] [德] 乌尔里希・贝克 . 自由与资本主义 [M]. 杭州：浙江人民出版社，2001.

[45] 薛晓源、周战超 . 全球化与风险社会 [M]. 北京：社会科学文献出版社，2005.

[46] [美] 加勒特・哈丁 . 生活在极限之内：生态学、经济学和人口禁忌 [M]. 戴星翼，译 . 上海：上海译文出版社，2001.

[47] 李培超 . 自然的伦理尊严 [M]. 南昌：江西人民出版社，2001.

[48] [加] 本・阿格尔 . 西方马克思主义概论 [M]. 李慎之，等，译 . 北京：中国人民大学出版社，1991.

[49] [英] 维特根斯坦 . 逻辑哲学论 [M]. 北京：商务印书馆，1996.

[50] 季卫东 . 元宇宙的秩序：虚拟人、加密资产和法治创新 [M]. 上海：上海人民出版社，2023.

二、期刊论文类

[1] 杨慧琴，孙磊，赵西超 . 基于区块链技术的互信共赢型供应链信息平台构建 [J]. 科技进步与对策，2018，35(5)：21-31.

[2] 黄慧 . 基于区块链的数据交换与共享技术研究 [D]. 西安：西安电子科技大学，2018.

[3] 袁勇，王飞跃 . 区块链技术发展现状与展望 [J]. 自动化学报，2016(4)：481-494.
[4] 张毅，肖聪利，宁晓静 . 区块链技术对政府治理创新的影响 [J]. 电子政务，2016(12)：11-17.
[5] 戴建忠 . 区块链技术在政府绩效评估中的应用 [J]. 山东理工大学学报（社会科学版），2021(2)：35-42.
[6] 戴建忠 . 智能区块链技术在政府绩效评估中的应用 [J]. 科技创新与生产力，2021(2)：21-27.
[7] 戴建忠 . 基于智能区块链技术的生态治理现代化评价指标体系研究 [J]. 科技创新与应用，2021(6)：9-17.
[8] 巴洁如 . 区块链技术的金融行业应用前景及挑战 [J]. 金融理论与实践，2017 (4)：109-112.
[9] 戴建忠 . 大数据技术对政府科技管理效率的影响 [J]. 电子政务，2016(12)：71-80.
[10] 戴建忠 . 大数据时代的图书管理 [J]. 中外企业家，2016(4)：257-258，269.
[11] 庄国波，时新 . 大数据时代政府绩效评估的新领域与新方法 [J]. 理论探讨，2009（3）：166-171.
[12] 侯衡 . 区块链技术在电子政务中的应用：优势、制约与发展 [J]. 电子政务，2018（6）：22-30.
[13] 蒋余浩，贾开 . 区块链技术路径下基于大数据的公共决策责任机制变革研究 [J]. 电子政务，2018（3）：26-36.
[14] 王鹏，丁艺 . 应用区块链技术促进政府治理模式创新 [J]. 电子政务，2017（4）：59-66.
[15] 张毅，肖聪利，宁晓静 . 区块链技术对政府治理创新的影响 [J]. 电子政务，2016（12）：11-18.
[16] 余益民，陈韬伟，段正泰，等 . 基于区块链的政务信息资源共享模型研究 [J]. 电子政务，2019（4）：58-68.
[17] 付永贵 . 基于区块链的供应链信息共享机制与管理模式研究 [D]. 北京：中央财经大学，2018.
[18] 孙国茂，李猛 . 区块链技术在个人征信领域应用研究——基于数字普惠金融视角 [J]. 公司金融研究，2017（1）：118-130.
[19] [希] 塔基斯·福托鲍洛斯 . 生态危机与包容性民主 [J]. 李宏，译 . 马克思主义与现实，2006(2).

[20] 杜建红 . 生态与民主问题调研 [J]. 文学界（理论版），2010(4).
[21] [澳] 罗宾・艾克斯利 . 生态民主的挑战性意蕴 [J]. 郇庆治，译 . 南京林业大学学报 (人文社会科学版)，2011(4).
[22] [英] 塔基斯・福托鲍洛斯 . 包容性生态民主理论的新进展（上、下）[J]. 丁晔，译 . 鄱阳湖学刊，2011(4).
[23] 彭绪琴 . 西方生态社会主义的民主观及其启示 [J]. 濮阳职业技术学院学报，2011(4).
[24] [德] 贝克 . 从工业社会到风险社会 (上篇)[J]. 王武龙，译 . 马克思主义与现实，2003(3).
[25] 陈家刚 . 风险社会与协商民主 [J]. 马克思主义与现实，2006(3).
[26] 徐道稳 . 风险社会中的危机处理机制 [J]. 深圳大学学报 (人文社会科学版)，2003(6).
[27] 大卫・格里芬 . 全球民主与生态文明 [J]. 弭维，译 . 马克思主义与现实，2007(6).
[28] 郑慧子 . 区域共同体——人与自然和谐的科学图景 [J]. 自然辩证法研究，1999(7).
[29] [俄] T. 杜布赞斯基 . 进化的未来 [J]. 生物科学动态，1984(3)：121-133.
[30] 朱皞罡，赵精武 . 区块链重塑电子政务新模型 [J]. 高科技与产业化，2017(7)：56-59.
[31] 闻骏，梁彬 . 基于区块链技术的国家治理创新研究 [J]. 昆明理工大学学报 (社会科学版)，2017，17(6)：32-36.
[32] 任明，汤红波，斯雪明，等 . 区块链技术在政府部门的应用综述 [J]. 计算机科学，2018，45(2):1-7.
[33] 巢乃鹏 . 国外区块链技术的政府实践与治理 [J]. 人民论坛・学术前沿，2018(12)：44-50.
[34] 黄军甫，曹小艺 . 区块链技术在政府数据开放中的实现路径 [J]. 延安大学学报 (社会科学版)，2018，40(4)：75-79.
[35] 赵金丽，栗俊杰，刘邦凡 . 论区块链技术在政府电子政务中的应用 [J]. 经济研究导刊，2018(31)：165+178.
[36] 叶平 . 人与自然：生态伦理学的基础和取向 [J]. 自然辩证法研究，1993(1).
[37] 李楠明 . 和谐思维与辩证法理论的创新［N］. 光明日报，2005-08-23.
[38] 包庆德 . 绿色视界：生态思维与节约型社会［J］. 自然辩证法研究，2006(3).
[39] 徐讯雷 . 生态文明需要生态伦理［J］. 绿色视界，2008 (5).
[40] 陈家刚 . 生态文明与协商民主［J］. 当代世界与社会民主，2006(2).
[41] 洪志生，张春霞，谢志忠 . 生态生产力解析［J］. 林业经济问题，2006(1).
[42] [荷兰] 沃特・阿赫特贝格 . 民主、正义与风险社会：生态民主政治的形态与意义［J］.

周战超，译 . 马克思主义与现实，2003（3）.

[43] 谈毅 . 基于共识的治理模式：区块链应用前瞻与情境 [J]. 人民论坛・学术前沿，2018(12)：18-23.

[44] 海涛，刘洁 . 区块链的产业现状、存在问题和政策建议 [J]. 电信科学，2016，32(11)：134-138.

[45] 尹冠乔 . 区块链技术发展现状及其潜在问题文献综述 [J]. 时代金融，2017(6)：299，301.

[46] 袁勇，王飞跃 . 区块链技术发展现状与展望 [J]. 自动化学报，2016，42(4):48-94.

[47] 朱友红 . 大数据时代的政府治理创新 [J]. 山西省委党校学报，2015，38(6):85-87.

[48] 张成福 . 政府治理创新与政府治理的新典范：中国政府改革 40 年 [J]. 国家行政学院学报，2018(2)：33-39，135.

[49] 徐春 . 萨兰・萨卡生态社会主义的中国价值 [J]. 岭南学刊，2011(1).

[50] [美] 乔欧尼・马洛里 . 生态女性主义的政治哲学是什么——性别、自然与政治 [J]. 李亮，译 . 南京林业大学学报（人文社会科学版），2011(4).

[51] 吴海晶 . 生态政治的内涵、作用及意义 [J]. 成都大学学报 (社会科学版)，2003(4).

[52] 高建中 . 生态思维与生态民主 [J]. 北京林业大学学报（社会科学版），2010(1).

[53] 戴建忠 . 区块链技术对高碳产业生态治理的影响 [J]. 生态学报，2022（3）：88-93.

[54] 高富平，孙英 . 大数据对工商行政管理的影响及应对 [J]. 中国工商管理研究，2014（2）：18-19.

[55] 戴建忠 . 智能区块链技术对国家主权让渡的影响 [J]. 新课程，2022（22）：101-104.

[56] 肖滨 . 信息技术在国家治理中的双面性与非均衡性 [J]. 学术研究，2009（11）：121-126.

[57] 韩涵 . 区块链渗入数据交易解决溯源与授权“痛点”[J]. 大数据，2017(19).

[58] 钱林浩 . 区块链会成为保险科技新的“流量担当”吗 ?[J]. 金融时报，2018-02-28.

[59] 许闲 . 区块链与保险创新：机制、前景与挑战 [J]. 保险研究，2017(5)：43-52

[60] 徐大维 . 区块链技术带来保险行业的创新 [J]. 时代金融，2016(30)：264，267.

[61] 谢辉，王健 . 区块链技术及其应用研究 [J]. 信息网络安全，2016(9)：192-195.

[62] 易珊梅 . 我国互联网保险研究 [J]. 保险职业学院学报，2014 (5)：25-30.

[63] 赵大伟 . 区块链技术在互联网保险行业的应用探讨 [J]. 金融发展研究，2016(12)：35-38.

[64] 郭华 . 基于人工智能的网络安全技术 [J]. 电子技术与软件工程，2017(23)：181-182.

[65] 储美芳 . 基于人工智能理论的网络安全管理关键技术的研究 [J]. 计算机光盘软件与应用，2012(23)：95，108.

[66] 李海龙，高洪坤 . 计算机网络技术中人工智能的应用 [J]. 网络安全技术与应用，2017(1)：14-15.

[67] 任剑锋，袁浩 . 计算机网络技术中人工智能的应用 [J]. 信息与电脑(理论版)，2016(22)：151-152.

[68] 韦银 . 计算机网络技术中人工智能的应用研究 [J]. 电脑迷，2016(7)：47.

[69] 李云龙 . 基于人工智能的网络安全技术研究 [J]. 信息与电脑(理论版)，2017（1）：146-148.

[70] 陈明坤 . 人工智能在计算机网络技术中的运用 [J]. 信息与电脑(理论版)，2017(7)：149-151.

[71] 贾润亮 . 计算机网络中人工智能技术的应用 [J]. 电子科技，2017(6)：154-156.

[72] 岳扬 . 人工智能技术在网络安全领域的应用研究 [J]. 电脑迷，2017(11)：157.

[73] 杨博文 . 基于人工智能和物联网应用的网络安全管理 [J]. 电子技术与软件工程，2017(17)：213.

[74] 顾玉芹 . 人工智能在计算机网络技术中的应用探讨 [J]. 科学大众(科学教育)，2017(10)：92.

[75] 齐福利 . 人工智能在计算机网络技术中的应用 [J]. 电子技术与软件工程，2017(18)：27.

[76] 蒋永旺 . 人工智能应用于计算机网络技术中的重要性分析 [J]. 中国管理信息化，2017(20)：144-145.

[77] 王东明 . 计算机网络技术中人工智能的应用探讨 [J]. 赤峰学院学报(自然科学版)，2017(22)：24-25.

[78] 俞彤 . 计算机网络技术在人工智能中的应用探讨 [J]. 无线互联科技，2017(21)：40-42.

[79] 习近平 . 生态兴则文明兴——推进生态建设，打造“绿色浙江”[J]. 求是，2008（3）：11-14.

[80] 王书华，毛汉英，王忠静 . 生态足迹研究的国内外近期进展 [J]. 自然资源学报，2002，17（6）：776-782.

[81] 李黎明 . 践行科学发展观推动生态文明建设——2009 年生态文明研究最新进展 [J]. 生态经济，2010（11）：179-181.

[82] 刘薇 . 生态文明建设的基本理论以及国内外研究现状述评 [J]. 生态经济，2013（2）：

34-37.
[83] 张云飞 . 国外马克思主义生态文明理论研究 [J]. 国外理论动态，2007（12）：118-126.
[84] 金鉴明，田兴敏 . 创新发展模式推进生态文明——绿色转型可持续发展模式的探讨 [J]. 环境保护，2012(20).
[85] 周生贤 . 中国特色生态文明建设的理论创新和实践 [J]. 求实，2012(19).
[86] 马丽艳 . 中外生态文明观的发展、现状及其对策研究 [J]. 学理论，2013（4）：99-103.
[87] 邵鹏，安启念 . 论马克思主义生态文明观及其当代价值 [J]. 求实，2012（8）：11-16.
[88] 钟明春 . 生态文明研究述评 [J]. 前沿，2008（8）：88-99.
[89] 安海彦，姚慧秦 . 习近平绿色发展思想探析——《资本论》生态经济思想的意蕴 [J]. 经济学家，2018（3）：110-119.
[90] 刘仁胜 . 生态马克思主义发展概况 [J]. 当代世界与社会主义，2006(3)：58-61.
[91] 黄茂兴，叶琪 . 马克思主义绿色发展观与当代中国的绿色发展——兼评环境与发展不想容论 [J]. 经济研究，2017(6):17-29
[92] 唐鸣，杨美勤 . 习近平生态文明制度建设思想：逻辑蕴含、内在特质与实践向度 [J]. 当代世界与社会主义，2017（4）.
[93] 王岩，竟辉 . 国内关于“以人民为中心的发展思想”研究述评 [J]. 当代世界与社会主义，2017（6）.
[94] 杨莉，陈思思 . 习近平对马克思主义生态思想的继承和发展 [J]. 社科纵横，2018（8）.
[95] 邓文钱 . 习近平生态思想研究述评 [J]. 扬州大学学报，2017（9）.
[96] 彭继红，任书东 . 论作为生态文明建设理论基础的马克思主义地理环境论 [J]. 江汉论坛，2015(11).
[97] 彭继红，汪建明 . 全球化时代的生态主权诉求与构想 [J]. 湖南师范大学社会科学学报，2012(4).
[98] 严耕，林震，吴明红 . 中国省域生态文明建设的进展与评价 [J]. 中国行政管理，2013(10).
[99] 卜祥记 . “生态文明”的哲学基础探析 [J]. 哲学研究，2010(4).
[100] 马拥军 . 生态资本主义与生态社会主义的政治经济学批判 [J]. 思想理论教育，2017(6).
[101] 谷元军 . 习近平生态哲学思想特点探析 [J]. 哈尔滨学院学报，2017(6).
[102] 周海生，吴秀荣，刘希刚 . 马克思人化自然观的思想内涵与当代价值 [J]. 当代世界与社会主义，2019(1).
[103] 任建兰，王亚平，程钰 . 从生态环境保护到生态文明建设：四十年的回顾与展望 [J]. 山东大学学报（哲学社会科学版），2018(6).

[104] 成金华，尤喆．“山水林田湖草是生命共同体”原则的科学内涵与实践路径 [J]. 中国人口·资源与环境，2019(2).

[105] 程广丽．新时代中国特色社会主义生态文明：逻辑起点、理论实质与重要意义 [J]. 思想理论教育导刊，2019(1).

[106] 周光迅，杨梦芸．习近平生态文明思想的世界价值 [J]. 治理研究，2019(1).

[107] 高冉，王国坛．中国特色社会主义生态文明观的自觉演进 [J]. 理论探索，2019(1).

[108] 周杨．党的十八大以来习近平生态文明思想研究述评 [J]. 毛泽东邓小平理论研究，2018 (12).

[109] 卓成霞，郭彩琴．“高度的生态文明”：理论内涵、现实挑战与实践路径 [J]. 南京社会科学，2018(12).

[110] 张森年．习近平生态文明思想的哲学基础与逻辑体系 [J]. 南京大学学报 (哲学·人文科学·社会科学)，2018(6).

[111] 周光迅，李家祥．习近平生态文明思想的价值引领与当代意义 [J]. 自然辩证法研究，习近平生态文明思想研究，2018(9).

[112] 方世南．习近平生态文明思想的永续发展观研究 [J]. 马克思主义与现实，2019(2).

[113] 方世南，储萃．习近平生态文明思想的整体性逻辑 [J]. 学习论坛，2019(3).

[114] 王雨辰．略论我国生态文明理论研究范式的转换 [J]. 哲学研究，2009(12).

[115] 王雨辰，陈富国．习近平的生态文明思想及其重要意义 [J]. 武汉大学学报 (人文科学版)，2017(4).

[116] 王雨辰．生态学马克思主义与有机马克思主义的生态文明理论的异同 [J]. 哲学动态，2016 (1).

[117] 王雨辰．生态学马克思主义与有机马克思主义的生态文明理论的异同 [J]. 哲学动态，2016(1).

[118] 王雨辰，张星萍．论后巴黎时代全球气候治理的伦理困境与可能的出路 [J]. 江汉论坛，2018(11).

[119] 陈金清．马克思关于人与自然关系生态思想的当代价值 [J]. 马克思主义研究，2015(11).

[120] 卢风．生态文明与新科技 [J]. 科学技术哲学研究，2011(4).

[121] 卢风．绿色发展与生态文明建设的关键和根本 [J]. 中国地质大学学报 (社会科学版)，2017(1).

[122] 赵士发．论生态辩证法与多元现代性——关于生态文明与马克思主义生态观的思考 [J]. 马克思主义研究，2011(6).

[123] 彭继红，刘涵 . 论有机马克思主义的生态伦理观 [J]. 伦理学研究，2017(4).
[124] 彭继红，刘涵 . 习近平新时代中国特色社会主义生态文明思想体系的内在逻辑探析 [J]. 中国特色社会主义，2018(6).
[125] 彭继红，任书东 . 马克思主义地理环境论与区域生态文明建设 [J]. 湖南大学学报 (社会科学版)，2015(6).
[126] 彭继红 . 马克思《人类学笔记》论自然环境与“原生形态文明”[J]. 求索，2015(9)：150.
[127] 薛晓源，陈家刚. 从生态启蒙到生态治理——当代西方生态理论对我们的启示 [J]. 马克思主义与现实，2005(4).
[128] 王库. 中国政府生态治理模式研究——以长白山保护开发区为个案 [D]. 长春：吉林大学，2009.
[129] 李干杰 . 以习近平生态文明思想为指导　坚决打好污染防治攻坚战 [J]. 行政管理改革，2018(11).
[130] 黄承梁 . 论习近平生态文明思想对马克思主义生态文明学说的历史性贡献 [J]. 西北师大学报 (社会科学版)，2018(5).
[131] 余谋昌 . 环境伦理与生态文明 [J]. 南京林业大学学报 (人文社会科学版)，2014(1).
[132] 汪信砚 . 有机马克思主义与马克思的马克思主义 [J]. 哲学研究，2015(11).
[133] 贺来，冯珊 . 以“关系理性”回应自然——当代生态文明建设前提性反思 [J]. 理论探讨，2018(2).
[134] 刘湘溶 . 中国的生态文明建设 : 现实基础与时代目标 [J]. 马克思主义与现实，2013(4).
[135] 刘湘溶 . 生态文明建设 : 文化自觉与协同推进 [J]. 哲学研究，2015(3).
[136] 刘湘溶，罗常军 . 生态文明建设三题 [J]. 湖南师范大学社会科学学报，2015(1).
[137] 方世南 . 论习近平生态文明思想对马克思主义生态文明理论的继承和发展 [J]. 南京工业大学学报 (社会科学版)，2019(3).
[138] 方世南 . 建设生态文明关系人民福祉关乎民族未来的价值意蕴 [J]. 福建师范大学学报 (哲学社会科学版)，2019(3).
[139] 郇庆治 . 生态文明及其建设理论的十大基础范畴 [J]. 中国特色社会主义研究，2018(4).
[140] 小约翰·柯布，柯进华 . 历史性的一步——评中国的生态文明建设 [J]. 当代中国马克思主义哲学研究，2013(00).
[141] 王磊 . 特性提炼 : 习近平生态文明建设思想的理论特色论略 [J]. 理论导刊，2017(11).

[142] 盛辉．习近平生态思想及其时代意蕴 [J]. 求实，2017(9).

[143] 周光迅，郑玥．从建设生态浙江到建设美丽中国——习近平生态文明思想的发展历程及启示 [J]. 自然辩证法研究，2017(7).

[144] 陈伊玲．习近平政治生态思想及其时代价值 [J]. 领导科学论坛，2017(11).

[145] 王明初，孙民．生态文明建设的马克思主义视野 [J]. 马克思主义研究，2013(1).

[146] 张首先，张俊．继承、批判与超越：马克思恩格斯生态文明思想的理论基础 [J]. 理论导刊，2011(8).

[147] 方时姣．论社会主义生态文明三个基本概念及其相互关系 [J]. 马克思主义研究，2014(7).

[148] 克里福德·柯布，甘霞．生态文明呼唤一种新型社会主义 [J]. 当代中国马克思主义哲学研究，2013(00).

[149] 阮晓菁，郑兴明．论习近平生态文明思想的五个维度 [J]. 思想理论教育导刊，2016(11).

[150] 田学斌．实现人与自然和谐发展新境界——认真学习领会习近平总书记生态文明建设理念 [J]. 社会科学战线，2016(8).

[151] 李德栓．论习近平生态文明思想三题 [J]. 山西高等学校社会科学学报，2016(6).

[152] 郑正真．新中国成立以来中国共产党生态文明思想的演进——基于马克思主义生态观的视角 [J]. 安徽行政学院学报，2016(3).

[153] 刘於清．党的十八大以来习近平同志生态文明思想研究综述 [J]. 毛泽东思想研究，2016(3).

[154] 张丽媛，李桂花．马克思恩格斯“两个和解”的生态思想与习近平的生态文明观 [J]. 信阳师范学院学报 (哲学社会科学版)，2016(3).

[155] 孙秦敏，肖芳．习近平政治生态思想的基本内涵和实践要求 [J]. 领导科学，2016(14).

[156] 冯娅妮，戴建忠，国鹏．加强党同人民群众血肉联系机制建设探析 [J]. 理论导刊，2021(7)：56-71.

[157] 戴建忠．新经济时代下差异化贫困问题测度方法研究 [J]. 营销界，2020(11)：21-23.

[158] 戴建忠．区块链企业隐性知识管理绩效评价体系新探——基于递进式模糊综合算法的实证分析 [J]. 科技创新与生产力，2021(11)：56-71.

[159] 袁勇，王飞跃．元宇宙技术发展现状与展望 [J]. 自动化学报，2016(4)：481-494.

[160] 张毅，肖聪利，宁晓静．元宇宙技术对政府治理创新的影响 [J]. 电子政务，2016(12)：11-17.

[161] 吕炜，王伟同．我国基本公共服务提供均等化问题研究——基于公共需求与政府能力视角的分析 [J]. 财政研究，2008(5)：10-18.

[162] 李明强，王一方．多中心治理：内涵、逻辑和结构 [J]. 中共四川省委省级机关党校学报，2013(6)：86-90.

[163] 高小平．风险社会与危机治理理论的限度及其辩证思考——兼评《邻比冲突及其治理模式研究》对制度创新理论的贡献 [J]. 中国行政管理，2019(5)：124-130.

[164] 任剑涛．国家治理的简约主义 [J]. 开放时代，2010(7)：73-86.

[165] 刘宏玉．基于“元宇宙”环境的体育教学模式探究与展望 [J]. 高教探索，2022，225(1)：75-79.

[166] 黄谦，王欢庆，李少鹏．体育未来发展的逻辑重构与实践展望——从元宇宙概念谈起 [J]. 西安体育学院学报，2022，39：129-135.

[167] 旸洁卓玛，赵妍，王智慧．元宇宙与人的本性存：科技助力冬奥的具身实践与未来走向——洪平教授学术对话录 [J]. 体育与科学，2022，43(3)：7-13.

[168] 郭轶群，秦天浩，江礼磊，等．体育元宇宙的内涵特征、多元价值及建构要素 [J]. 西安体育学院学报，2022，39(4)：416.

[169] 程志理，易剑东，路云亭，等．“元宇宙与体育的未来”笔谈 [J]. 上海体育学院学报，2022，46(5)：1-18.

[170] 郭江浩．内涵、应用与展望：迈向“元宇宙”的在线体育教学研究 [J]. 河北体育学院学报，2023，37(1)：11-20.

[171] 石磊，张笑然．元宇宙：思想政治教育的未来场域 [J]. 思想教育研究，2022(3)：36-42.

[172] 郭勇壮，阳艺武，黄彩虹，等．元宇宙赋能体育产业高质量发展的理论阐释与实践展望 [J]. 湖北科技体育，2023(4)：301-304，319.

三、电子文献类

[1] W3C. 分布式身份草案报告 .[R/OL]. hops://w3c-ccg.github.io/did-spec.

[2] COMOS 区块链生态系统 .[CP/OL]. https://cosmos.network.

[3] 本体公有基础链 .[CP/OL]. 1lttps://ont.io.

[4] 区块解析工具 [CP/OL]. hops://github.com/znort987/blockparser.

[5] 充分发挥金融科技在服务实体经济发展中的作用 [EB/OL].www.financialnews.com.cn

2018-04-16 .

[6] 新华网 . 推动长江经济带发展领导小组办公室负责人就长江经济带发展有关问题答记者问 [EB/OL].[2016-09-11]

[7] http://www.xinhuanet.com/politics/2016-09/11/c_1119546883.htm.

[8] 习近平 . 建立体现生态文明要求的目标体系、考核办法、奖惩机制 [EB/OL]. [2014-08-13].http：//henan.people.com.cn/n/2014/0813/c351638-21973707-2. html.

[9] 习近平 . 习近平谈生态文明 [EB/OL].[2014-08-29].http://cpc.people.com.en/n/2014/0829/c164113-25567379-4.html.

[10] 绿色发展 . 走向生态文明新时代 [EB/OL]. [2016-05-10].http://www.qstheory.cn/zoology/2016-05/10/c_l 118839088.ht

[11] 戴维・兰普顿 . 改革是"中国道路"的精髓 . 欧洲时报 [EB/OL].http://oversea.huanqiu.com/political/2012-ll/3269339.

[12] 产业智能网 . 官区块链会是农业金融的新征途吗？ [EB/OL].2018-01-05.

[13] 区块链为农业金融提供了新的思路和可能 [EB/OL].www.elecfans.com. 2018-05-22.

[14] 欧盟开放数据计划运行始末 [EB/OL].[2015-03-12].http://www.echinagov.com/zt/64/.

[15] 全球窃听丑闻的背后 [EB/OL].[2013-09-08].http://www.echinagov.com/zt/64/.

[16] 中国元宇宙技术和产业发展论坛 . 中国元宇宙技术与应用发展白皮书（2016）[EB/OL].(2016-10-18)[2019-08-17]. https://www.sohu.com/a/224324631_711789.

[17] 刘辉 . 体育元宇宙时代来临上海虚拟体育公开赛正式国内首发 [EB/OL] .hops://j.eastday.com/p/1659689955039955.2022.

[18] 段海波 . 元宇宙 VS 数字孪生：技术演化的视角 [EB/OL].(2022-06-27).http:// www.100ec.cn//home/detail-6613852.html.

四、外文文献类

[1] John Bellamy Foster.The ecological revolution:making peace with the planet[M].New York:Monthly Press，2009.

[2] N Stern.The Economies of Climate Change[M].Cambridge University Press，2007 .

[3] Mol A P J，Sonnenfeld D A.Ecological Modernisation around the World:Perspectiveand Critical[M].London:Frank Cass，2000.

[4] John Bellamy Foster.Ecology Against Capitalism[M].Journal of Women's Health，2002.

[5] Huntington S P.The Clash of Civilizations and the Remaking of World Order[M].New York:Simon & Schuster, 2011.[1]Albert, M., 2003.Parecon: Life After Capitalism. London: Verso, 2003.

[6] Arrighi, G., Hopkins, T. K., Wallerstein, I., 1989. Antisystematic movements. London: Verso.

[7] Biehl, J., 1998.The Politics of Social Ecology: Libertarian Municipalism.Montreal: Black Rose Press.

[8] Bookchin, M., 1974. Post-Scarcity Anarchism.London:Wildwood House.

[9] Bookchin, M., 1995.The Philosophy of Social Ecology.Montreal: Black Rose.

[10] Bookchin, M., 2003.Comments on the international socialecology network gathering and the "Deep Social Ecology" of John Clark. Democracy &Nature, 3(3).

[11] Castoriadis, C., 1996. La Montée de l' insignifiance.

[12] Paris: Seuil.Castoriadis, C., 1997.World in Fragments. Stanford, CA: Stanford Univ. Press.

[13] Hobsbawm, E., 1992. The crisis of today' s ideologies.New Left Review, 192(March-April).

[14] Homs, C., 2007.Localism and the city: The example of "urban villages" .The International Jour nal of Inclusive Democracy, 3(1).

[15] Fotopoulos, T., 1997.Towards An Inclusive Democra-cy.London/New York: Cassell/Continuum.

[16] Fotopoulos, T., 1999a. The first war of the internationalised market economy. Democracy & Nature, 5 .

[17] Fotopoulos, T., 1999b.On a distorted view of the inclusive democracy project.Democracy & Nature, 5.

[18] Latouche, S., 2003.Will the West actually be happier with less? The world downscaled.Le Monde Diplomatique, (December).

[19] Latouche, S., 2007.Degrowth: An electoral stake?The International Journal of Inclusive Democracy, 3(1).

[20] Shalom, S.R., 2005 .ParPolity: Political vision for a good society. Z Magazine/ZNet, (November).

[21] Trainer, T., 2006.On eco-villages and the transition.The International Journal of Inclusive

Democracy，2(3).

[22] Trainer，T.，2007.Renewable energy: No solution for consumer society. The International Journal of Inclusive Democracy，3(1).

[23] Jtlrgen Habermas，W.Rehg. Between Facts and Norms: Contributions to a Discourse Theory of Law and Democracy[M].Cambridge:Polity Press，1996.

[24] Jurgen Habennas. Between Facts and Norms:Contributions to a Discourse Theory of Law and Democracy[M].1998.

[25] Hannah Arendt. The crisis of culture[A].New York:Meridan，1961.

[26] Jurgen Habermas，Jeremy J.Shapiro. Toward a Rational Society: Student Protest，Science and Politics[M].London:Heinemann，1971.

[27] John Barry. Sustainability，political judgment and citizenship: Connecting green politics and democracy[A].London:Routledge，1996.

[28] Jurgen Habermas. Justification and Application: Remarks on Discourse Ethics [M]. Cambridge:Polity Press，1993.

[29] Robert Goodin. Enfranchising the earth，and its alternatives[J].Political Studies，1996.

[30] Bryan Norton. Toward Unity among Environmen-talists [M].Oxford:Oxford University Press，1991.

[31] James Bohman. The coming of age of deliberative democracy[J].Journal of Political Philosophy，1999.

[32] John Dryzek. Deliberative democracy vs.liberal constitutionalism[A].London:Routiedge，2000.

[33] James Johnson. Arguing for deliberation : Some skeptical considerations[A]. Cambridge:Cambridge University Press，1998.

[34] Edward Said. Representing the colonized: Anthropology' s interlocutors[J].Critical Inquiry，1989.

[35] James Bohman. The coming of age of deliberative democracy[M].2009.

[36] Amy Guttman，Dennis Thompson. Democracy and Disagreement [M].Cambridge:harvard University Press，1996.

[37] Amy Guttman，Dennis Thompson. Democratic theory and global society[J].Journal of Political Philosophy，1999.

[38] Cass Sunstein. Deliberation，democracy and disagreement[A].Honolulu，HI:University of

Hawaii Press，1997.

[39] Robert Garner and Richard Kelly，British Political Parties Today，Manchester University press，1998 .

[40] Rudy B. Andeweg Galen and A. Lrwin: Dutch Government and Politics，Houndsmills，Baingstode，Hmpshire and London: Macmillan，1993.

[41] Arend Lijphart: The political of Accommodation: Pluralism and Democracy in the Netherlands，Berkeley: University of California press，1975.

[42] Rod Hague，Martin Harrop & Shaun Breslin : Comparative Government and Politics，Macmillan Press LTD，1998.

[43] Rein Taagepera and Matthew S. Shugart，Seats and Votes: The Effects and Determinants of Electoral Systems . New Haven : Yale University Press，1989.

[44] Martin Shapiro，Courts: A Compartive and Political Analysis. Chicago: University of Chieago Press，1998.

[45] G . Bingham Powell，Contemporary Democracies: Participation，Stability，and Violence. Cambridge: Harvard University Press，1982.

[46] Bradley J.Macdonald，“William Morris and the Vision of Ecosocialism”，in Contemporary Justice Review，Vol.7（3），2004.

[47] Ted Benton，“Marxism and Natural Limits：An Ecological Critique and Reconstruction”，n New Left Review，I/178，1989;Reiner Grundmann，“The Ecological Challenge to Marxism”，in New Left Review，I/187，1991.

[48] James O Connor，Natural Causes：Essays in Ecological Marxism，New York：The Guildford Press，1998.

[49] Joel Kovel，The Enemy of Nature（2nd edition），London：Zed Books，2007.

[50] Jan Sundberg & Niklas Wilhelmsson，“Moving from Movement to Government：The Transformation of the Finnish Greens”，in Kris Deschouwer，ed.，New Parties in Government：In Power for the First Time，London and New York：Routledge，2008.

[51] Brian Tokar，“The Greens as a Social Movement：Values and Conflicts”，in Frank Zelko & Carolin Brinkmann，eds.，Green Parties：Reflections on the First Three Decades，Washington DC：Heinrich B ll Foundation（North America），2006.

[52] John Bellamy Foster，“Why Ecological Revolution ”，in Monthly Review，Vol.61，No.8，2010.

[53] John Bellamy Foster, “Ecology and the Transition from Capitalism to Socialism”, in Monthly Review, Vol.60, No.6, 2008.

[54] Christian Hunold, “Enviromentalists, Nuclear Waste, and Politics of Passive Exclusion in Germany”, in German Politics and Society, Vol.19, No.4, Issue 61, 2001.

[55] Narelle Miragliotta, “One Party, Two Traditions: Radicalism and Pragmatism in the Australian Greens”, in Australian Journal of Political Science, Vol.41, Issue 3.

[56] Nick Turnbull and Ariadne Vromen, “The Australian Greens: Party Organisation and Political Processes”, in Australian Journal of Politics and History, Vol.52, Issue 3, 2006.

[57] Lorna Salzman, “The Intellectual Influences and Conflicts in the US Green Party”, in Frank Zelko & Carolin Brinkmann, eds., Green Parties: Reflections on the First Three Decades, Washington DC: Heinrich Bll Foundation (North America), 2006.

[58] Helmut Wiesenthal, “From a Nest of Rivals to Germany s Agents of Change: Remarks on ‘Values and Conflicts with Regard to the German Greens in the 1980s and 1990s”, in Frank Zelko & Carolin Brinkmann, eds., Green Parties: Reflections on the First Three Decades, Washington DC: Heinrich B ll Foundation (North America), 2006.

[59] TOYODAK, MATHIOPOULOSPT, SASASEI, OHTSUKIT. A Novel Blockchain-Based Product Ownership Management System (POMS) for Anti-Counterfeits inthe Post Supply Chain[C], IEEE Access, 2017 (5): 17465-17477.

[60] TsengJ H, Liao Y C, Chong B, LiaoS W. Governance on the Drug Supply Chain via Gcoin Blockchain[J]. International Journal of Environmental Research and Public Health, 2018, 15(6): 1055. doi: 10.3390/ijerph15061055.

[61] Vecchione Anthony. Blockchain Tech Could Track Pharmacy Supply Chain[J]. Drug Topics, 2017, 161(11): 21.

[62] Shanley Agnes.Could Blockchain Improve Pharmaceutical Supply Chain [J]. Pharmaceutical Technology, suppl. OUTSOURCING RESOURCES: SPARKING POWERCONNECTOINS; North Olmsted, 2017, (8): S34-S39.

[63] Robert Goodin. Enfranchising the earth, and its alternatives[M].2011.

[64] Steven Vogel. Against Nature: The Concept of Nature in Critical Theory [M].Albany:state University of New York Press, 1995.

[65] Don E.Marietta. Reflection and environmental activism[A].Lanham, MD.:Rowman and Littlefield, 1995.

[66] Steven Vogel. Habermas and the ethics of nature” [A].New York:Routledge，1997.

[67] Xing. The Basic Values of Common Human Destiny[J]. 求是：英文版，2013(3)：90-97.2

[68] zhenmin. Insisting on Win-Win Cooperation and Forging the Asian Community of Common Destiny Together[J]. 中国国际问题研究：英文版，2014(2)：5-25.

[69] Swan M，de Filippi P.Toward a philosophy of blockchain：A symposium：Introduction[J]. Metaphilosophy，2017(05)：603-619.

[70] Dodd N. The social life of Bitcoin[J]. Theory Culture & Society，2017(3)：35-56.

[71] Shackelford S J，Myers S. Block-by-Block：Leveraging the power of Blockchain technology to build trust and promote cyber peace[J]. Yale Journal of Law & Technology，2017，19：334-370.

[72] KAPLAN A M，HAENLEIN M，2009. The fairyland of Second Life：Virtual social worlds and how to use them[J]. Business Horizons，2009，52（6）：563-572.

[73] KHAUND S，2020. Blockchain：From Fintech to the Future of Sport[M]//21st Century Sports. Springer，Cham，191-203.

[74] LKALKAN N，2021. Metaverse Evreninde Sporun Bugünüve Gel - eceğine Yönelik Bir Derleme[J]. Ulusal Spor Bilimleri Dergisi，5（2）：163-174.

[75] LOY J W，1968. The nature of sport：A definitional effort[J]. Quest，10（1）：1-15.

[76] PARK S M，KIM Y G，2022. A metaverse：Taxonomy，components，applications，and open challenges[J]. Ieee Access，10：4209-4251.

[77] PIZZO A D，SU Y，SCHOLZ T，et al.，2022. Esports scholarship re - view：Synthesis，contributions，and future research[J]. J Sport Manag，1（aop）：1-12.

[78] STIGLITZ J E，2000. The contributions of the economics of informa - tion to twentieth century economics[J]. Quarterly J Econ，115（4）：1441-1478.Victor bond，2019. Olympic Virtual Sport：Virtual Reality and the Fu - ture of Sport[M]. Metaverse Sports Association LLC.

[79] XIAO X，HEDMAN J，TAN F T C，et al.，2017. Sports igitalization：An overview and A research agenda[C]International Conference On Information（ICIS）. Association For Information System.

[80] ARNOLD B，ed，2014. Computer science in sport：Research and practice[M]. Routledge.

[81] ARNE G，2019. What we know and what we do not know about digi - tal technologies in the sports industry[C]. Americas Conference on Information Systems（AMCIS），2019.

[82] COLEMAN B J，2012. Identifying the ‘Players’ in sports analytics re - search[J]. Interfaces，（2）：109-118.

[83] Davenport T H，2014. What businesses can learn from sports analytics[J]. MIT Sloan Manag Rev，55（4）：10.

[84] DAYA B，2013. Network security：History，importance，and future[J]. University of Florida Department of Electrical and Computer Engi - neering，4.

[85] DIONISIO J D N，III W G B，GILBERTR，2013. 3D virtual worlds and the metaverse：Current status and future possibilities[J]. ACM Computing Surveys（CSUR），45（3）：1-38.

[86] GILBERT R L，FOSS J A，MURPHY N A，2011. Multiple personality order：Physical and personality characteristics of the self，primary avatar and alt[M]//Reinventing Ourselves：Contemporary Concepts of Identity in Virtual Worlds. Springer，London：213-234.

[87] HOLDEN J T，BAKER III T A，2019. The econtractor？ Defining the esports employment relationship[J]. Am Business Law J，56（2）：391-440.

[88] HUFFMAN R K，HUBBARD M，2022. A motion based virtual reality training simulator for bobsled drivers[M]The Engineering of 24.

[89] MOY C，GADGIL A，2022. Opportunities in the metaverse：How businesses can explore the metaverse and navigate the hype vs. reality[J]. Link: hops://www.jpmorgan.com/content/dam/jpm/treasury. 23(2):2022.

[90] NICFNKO A，2022. Basketball star Kevin Durant files for 26 NFT and metaverse applications [FB/OL].[2022-OS-22]. hops://finbold.com/ basketball-star-kevin-durant-files-for-26-nft-and-metaverse-applications/.

[91] PARK S M，KIM Y G，2022. A metaverse: Taxonomy，components，applications，and open challenges[J]. Ieee Access，10: 4209-4251.

[92] PIZZO A D，SU Y，SCHOLZ T，et al.，2022. Fsports scholarship review：Synthesis，contributions，and future research [J]. J Sport Manag，1(aop):1-12.

[93] STIGLITZ J F，2000. The contributions of the economics of information to twentieth century economics[J]. Quarterly J Fcon，115(4):1441-1478.

[94] TSUI V，2022. What happens when metaverse meets sports league [FB/OL].[2022-07-02]. hops://www.jumpstartmag.com/what-hap-pens-when-metaverse-meets-sports-leagues/.

[95] Victor bond，2019. Olympic Virtual Sport: Virtual Reality and the Future of Sport[M]. Metaverse Sports Association LLC.

[96] XIAO X，HFDMAN J厂 CAN F T C，et al.，2017. Sports igitalization: An overview and A research agenda [C]//International Conference On Information (ICIS). Association For Information System.